Ik Rende Uit Mijn Klompen,
Een Persoonlijke Geschiedenis

Tweede Wereldoorlog Holland –
Verenigde Staten 1937-1955
door
Auké "Sy" Byle

BYLE PRESS
Oakland, Oregon
©2010

ON THE COVER:
Painting by artist, Julie Campbell, commissioned by the author in 1993.
A compilation of two family photos – one of Auké with the chickens,
and one of the Byle family's Snellveld home with goat.
Used with permission.

Compiled and Designed By:
Catherine Byle and Gijsje V/d Heijden

INHOUD

Voorwoord 4

Eerbetoon 6

Familie Geschiedenis 7

Friesland, Gelderland, en Amerika 8

Hoofdstuk 1: Snelleveld 13

Hoofdstuk 2: Waardenburg: 25

Hoofdstuk 3: 1945 49

Hoofdstuk 4: Nederland na de Oorlog 61

Hoofdstuk 5: De Amerikaanse droom 75

Hoofdstuk 6: Opgroeien op de Markadia Farm 94

Hoofdstuk 7: Volwassen worden 110

Bijlagen:

Bijlage A: Margaret de Groot & George Welsh 117

Bijlage B: Bijdrage van Jill (Gelland) 120

VOORWOORD

Dit is een vertaling van het boek

"I Ran Out of My Klompen"

Een persoonlijke geschiedenis

Van de Tweede Wereldoorlog in Holland

tot en met ons Nieuwe Leven in Amerika

1937-1955

Geschreven door Auke "Sy" Byle in 2009, Oregon, U.S.A.

**Opgedragen aan mijn vriend Willem van den Dungen
21 september 1936 – 23 december 2011**

Willem   Auke

IK RENDE UIT MIJN KLOMPEN

Onze levenslange vriendschap begon in de zomer van 1943 terwijl we speelden in een duiker vlak bij Willems huis. De duiker die onder de Steenweg doorging was ongeveer 2 meter doorsnede. In de duiker stond 30 tot 50 centimeter water. Het was ons eigen zwembad gevuld met vissen, kikkers en hagedissen ....maar geen modder dus echt klasse!!

Op de foto hebben Willem en ik een houtschiller in onze handen, zoals genoemd op pagina 20 van het boek. De foto is genomen op Willems 75^e verjaardag.

Willem leefde in dienst en tot eer en liefde voor God. Hij zorgde liefdevol voor zijn gezin en stond altijd klaar voor zijn vrienden. Ik voel me vereerd om een van die vrienden te zijn!

Willem verzorgde zijn fruitboomgaard en die van anderen altijd tot in de puntjes. Hij had een grote kennis van fruitbomen en hun verzorging.

Mijn beste vriend, moge U rusten in vrede, in Jezus Christus.

INTRODUCTIE

Dit is het verhaal van mijn jeugd, roerige jaren van mijn leven gevuld met opwindende gebeurtenissen. Ik heb het speciaal geschreven voor mijn zoons: David, Darryl, Douglas, en Darrin en al de anderen die me lief zijn. Ik dank mijn vrouw Ingrid die mij steeds heeft aangemoedigd en Cathy (de vrouw van mijn zoon Douglas) die veel werk heeft verricht om al mijn gekrabbel te ordenen.

De tijd vliegt en wij vliegen mee, wat is het goed als we God kennen als onze Navigator.

Auke "Sy" Bijl – 2009

EERBETOON

Ter herinnering aan mijn twee overleden broers die zielsveel van God hielden. Pieter, die acht jaar ouder was dan ik raakte mij en mijn zusters nooit met één vinger aan als hij boos was. Hij had een groot gevoel voor humor daardoor was het altijd leuk om bij hem in de buurt te zijn. Hij hield van Gods Woord waar hij veel kennis van had.

Gerrit had de eigenschap om het werken leuker te maken, hij was een echte komiek. Zijn sterke vertrouwen in God was zichtbaar in alles. Bedankt voor alle goede momenten, mijn lieve broers.

FAMILIE GESCHIEDENIS

Provincie Friesland, Nederland

Grootouders van vaders kant:

Grootvader: Pieter Bijl (1872-1930) overleden aan de Spaanse griep. Hij was melkveehouder.

Grootmoeder: Geertje van der Hoek (1871-1969) was een oma die erg liefdevol en aardig was, ze kon heel goed met dieren omgaan. Ze was huisvrouw.

Ze hadden 6 kinderen:
    *Sjoek (1899-1991) baker
    *Trijntje (1900-1939) huisvrouw, gestorven aan kanker
    *Sijbe – gestorven, 6 maanden oud
    *Sijbe (1904-1973) boerenknecht en melkveehouder
    *Harm (1907-1941) evangelist
    *Romke (1909-1977) dominee in de Hervormde kerk;
      heeft een Koninklijke Onderscheiding ontvangen voor
      het vertalen van de Psalmen in het Fries.

Grootouders aan moeders kant:

Grootvader: Auke Gerrit Franckena (1868-1938) gestorven aan tuberculose. Medewerker in een kaasfabriek, hij kon zeer goed viool spelen. Speelde vaak in de lokale kroeg - café.

Grootmoeder: Gelland Dokkum (1876-1960) gestorven aan een hersenbloeding na een kleine operatie.

Ze hadden 4 kinderen:
    *Grietje (1904-1990)
    *Baukje (1906-1983) gestorven als gevolg van een auto-
      ongeluk

8

*Tweeling – het jongetje is gestorven toen hij 7 dagen oud
was;
Gerritje is overleden aan tuberculose toen ze ergens in de
dertig was.

In die tijd als iemand tuberculose had dan bouwde de familie
een klein rond gebouwtje met veel ramen. Dit kon gedraaid
worden zodat het altijd in de richting van de zon stond. De patiënt
kon in de zon liggen maar was de hele tijd in isolatie. Gerritje
werd bang, helemaal alleen, terwijl er jongens uit de buurt
waren die 's avonds door de ramen gluurde. Haar goedhartige
vader Auke ging toen tegen het advies van de dokter in naast
haar op de vloer slapen. Hij kreeg toen ook tuberculose waaraan
hij overleed.

FRIESLAND, GELDERLAND EN AMERIKA

Mijn vader, Sijbe Bijl, begon op 11-jarige leeftijd te werken
als boerenknecht. De eerste baan van moeder, Baukje Franckena,
was het oprapen van schapenmest voor de tuinen. (Zonder
handschoenen).

Mijn ouders hebben elkaar ontmoet toen ze beiden werkten
voor dezelfde rijke boer. Sijbe werkte met de melkkoeien, hij
was een veelbelovende melkveehouder. Baukje was het hoofd
van de huishouding met veel dienstmeisjes onder haar hoede. Ze
trouwden op 19 mei 1928 in Molkwerum, Baukjes woonplaats.

Sijbe heeft nooit één melkbeurt gemist, zelfs niet op zijn
trouwdag!

Ze kregen 5 kinderen:
*Pieter (1929-2002) – Michigan, USA
*Gelland (1931) – Washington, USA
*Auke Siebren (1937) – Oregon, USA
*Geertje Trijntje (1943) – Washington, USA
*Gerrit (1946-2010) – Wisconsin, USA

*Trouwboekje
Sijbe Bijl en
Baukje
Franckena*

FAMILIE
REGISTER

HET IS VAN HET GROOTSTE
BELANG DIT BOEKJE ZORG-
VULDIG TE BEWAREN EN HET
TE VERTOONEN BIJ AANGIFTEN
VAN GEBOORTE, HUWELIJK EN
OVERLIJDEN, EN HET OPMAKEN
VAN AKTEN DOOR NOTARISSEN
EN ANDERE GELEGENHEDEN,
WAARDOOR JUISTE VERMELDING
VAN NAAM, GEBOORTEDATUM
ENZ. NOODIG IS.

N° 249. UITGAAF VAN N. SAMSOM TE ALPHEN A.D. RIJN

GEMEENTE
HEMELUMER OLDEPHAERT EN NOORDWOLDE

PROVINCIE FRIESLAND

BURGERLIJKE STAND

N. S. 249

3

OLDEPHAERT EN NOORDWOLDE, is op

voltrokken tusschen:

Byl

den 19 Mei ———— 1904.

EN

Franeker,

den 15 Januari ———— 1906.

Vrij van zegel ingevolge art. 32, 6°., der Zegelwet 1917, juncto art. 136 Burgerlijk Wetboek.

De Ambtenaar van den burgerlijken stand.

2

Te KOUDUM, gemeente HEMELUMER

192ᵉ het huwelijk

Sybe

geboren te Deersum,

zoon van Pieter Byl,

en van Geertje van der Aak.-

Baukje

geboren te Molkwerum,

dochter van Ancke Franckena,

en van Gelland Dokkum.

*Ze kregen
vijf kinderen*

KINDEREN UIT DIT HUWELIJK GEBOREN.

	VOORNAMEN.	GEBOREN		OVERLEDEN	
		TE	DEN	TE	DEN
1	*Pietra*	*Groningen*	*21 Aug. 1929*		
2			*13 Jan. 1931*		
3			*21 April 1937*		
4			*18 Februari 1943*		
5	*Gerrit*		*22 November 1946*		
6					
7					
8					
9					
10					
11					
12					

Pieter en Gelland met pasgeboren Auké, 1937.

Snelleveld

Op een dag die een grote opluchting was voor mijn moeder, 2 april 1937 (een vrijdag), maakte ik mijn debuut in de wereld van Baukje en Sijbe Bijl. Ik sloot me aan bij mijn broer Pieter en zus Gelland in een huisje met een rieten dak. We waren een gelukkig, solide en hardwerkend gezin, we zouden ons goed kunnen aanpassen aan de vele uitdagingen die voor ons lagen. Baukje en Sijbe waren Bijbelgetrouwe christenen die de God van Abraham, Isaac en Israël als hun levenskompas zagen.

Mijn moeder Baukje werd al snel getart door mijn vele, ontroostbaar gehuil als kind. Ze schreef naar mijn Tante Sjoek in Friesland dat ik veel huilde, niet zwaarder werd en dat de arts geen idee had waarom. Tante Sjoek, die een vroedvrouw was en tevens zeer veel wist over kruiden, fietste helemaal vanuit Friesland naar Gelderland (ruim 100 kilometer) om me na te kijken. Ze stelde vast dat ik allergisch was voor koemelk. Zij adviseerde mijn moeder om een geit te nemen en me geitenmelk te geven. Dat werkte! Tante Sjoek had gelijk – zelfs tot op de dag van vandaag ben ik wat allergisch voor koemelk.

Het rieten dak van ons huis was gemaakt van riet dat groeide in het broek. We hadden geen telefoon of elektriciteit. Voor water hadden we een kleine handpomp aan de achterzijde van de woning. Een muur splitste het huis op in een voorzijde met de keuken, een woonkamer en een slaapkamer en een achterzijde met de pomp en een groentenkelder. Een deur in het midden van de muur zorgde voor een doorgang tussen de twee. In het achterste gedeelte van het huis bestond de vloer uit leem en aan de voorkant uit hout. Een bijgebouw diende als WC. Wij kinderen sliepen op zolder, waar we de vogels konden horen nestelen in het dak. We konden het riet van het dak zien, ruiken en aanraken. Het voelde erg warm en veilig.

De meest gedenkwaardige dag in dit huis was voor mij 10 mei 1940. Ik keek uit het voorraam en zag grote, zwarte en laagvliegende vliegtuigen. Een donderend lawaai vulde mijn oren en ik voelde het huis schudden. Gebiologeerd door de vliegtuigen

Schoolfoto, 1942. Pieter, Auke, en Gelland Bijl.

plaste ik in mijn broek van angst. Mem (mijn moeder) rende het huis in, greep me en rende met mij onder haar arm naar de groentenkelder. Mijn angstgevoel werd deels weggenomen toen ze voorbij de waterpomp rende zonder te stoppen. De straf voor broekplassen bestond namelijk uit koud water uit de pomp over mijn blote kontje. Mem klom naar beneden in de groentenkelder, ging op een plank zitten en zette me, inclusief natte broek, op haar schoot. Ik vroeg: "Hoe zit het met Piet en Gellie en Heit (mijn vader)? Worden ze gepakt door de vliegtuigen?!" Mem verzekerde me: "Jezus zal hen beschermen." Toen nam ze me in haar armen en zong: "Here Jezus, heerser van alle natiën, ..." Een kalmte kwam over mij, waardoor al het lawaai en de verschrikkingen van de vliegtuigen werden uitgesloten! Inderdaad, Jezus beschermde ons allemaal tijdens de oorlog en hield ons in leven, zelfs wanneer velen om ons heen het niet overleefden.

Ik herinner me de dag dat Piet en Gellie mij meenamen naar school in Neerijnen, zodat we op de foto gezet konden worden. Dat was een grote gebeurtenis voor mij, want ik was nog niet oud genoeg om naar school te gaan. Gellie nam mij de hele dag onder haar hoede. Wij namen onze lunch mee naar school, net als Pieter en Gellie dat elke dag deden. Lunch bestond uit bruin brood met boter en suiker en een flesje melk. Dit plaatsten we

Buurmeisje Annie

dicht bij de houtkachel, zodat het warm zou blijven tot lunchtijd. Dat was echt lekker!

We woonden in Snelleveld, puur platteland. Vandaag de dag ben ik verbaasd dat het zelfs een naam had. Er was maar één ander kind van mijn leeftijd in onze buurt, een meisje genaamd Annie. We speelden samen en deden alsof we boeren waren. We plukten gras en maakten er hooibergen van of deden alsof het graan was en bonden het samen in schoven. Het was ook mijn taak om gras te geven aan onze konijnen. Dat kleine karwei zorgde ervoor dat ik mijn speeltijd nog meer waardeerde. Annie en ik hadden allebei geen speelgoed, als ik het me goed herinner. Die tijd hadden mensen over het algemeen geen geld voor speelgoed. Toch hadden we altijd plezier.

Er stonden schapen in het weiland naast ons huis. Ik gaf de wol die de schapen achterlieten op het prikkeldraad aan Mem. Op een dag was er een dame bij ons op bezoek die geïnteresseerd was in de wol, ze zei dat ze "graag wat wilde hebben!" Dus vroeg ik als nijvere vierjarige aan Annie om me te helpen en samen verzamelden we wol voor de bezoekster. Ik ging een aantal keer met zakken wol op en neer naar het huis. De dame was onder de indruk en beloofde dat ze mij en Annie een pakket zou sturen vanuit de grote stad Utrecht, waar ze woonde. Ik keek wekenlang uit naar dat pakket, maar het is nooit gekomen. Hierna wist ik dat mensen uit de stad niet eerlijk waren. Niemand had ooit zo tegen me gelogen.

Mem had groene vingers. Ze kon als geen ander planten laten groeien. Als haar vertrouwde assistent leerde ik hoe ze rot hout van de wilgen haalde, het in emmers stopte en de mulch mengde met de aarde. Ik herinner me dat ons huis omringd was met planten – geraniums, goudsbloemen, Oost-Indische kers, stokrozen enzovoorts.

Een andere gedenkwaardige gebeurtenis die ik me herinner van die buurt ging om een melkveehouder die twee huizen verderop woonde. Hij kwam dagelijks langs ons huis om zijn koeien te melken in het weiland. Hij zat met een paar melkbussen en melkzeven op een kleine kar, die getrokken werd door een grote hond. Op een dag trok de boer zelf de kar. Mem was zo blij dat ze de Nederlandse, rood-wit-blauwe vlag (strikt verboden door de nazi's) buiten ophing. Blijkbaar keurde Mem het niet goed hoe de boer zijn hond behandelde!

We woonden ongeveer vijf kilometer van de boerderij die mijn vader beheerde vandaan. Heit moest dus twee keer per dag, zeven dagen per week, naar de boerderij fietsen. Ik herinner me dat hij zijn fiets moest dragen tijdens een sneeuwstorm. Ik had zo'n medelijden met hem toen hij helemaal koud en nat thuiskwam via de achterdeur. Mem zei altijd dat Heit geen gebochelde rug had toen ze uit Friesland kwamen. Volgens haar heeft hij het gekregen door het fietsen met slecht weer. We hadden in die tijd geen regenpak.

Ik herinner me dat Mem me naar de dokter in Waardenburg bracht omdat ik ernstige keelpijn had. De arts vertelde haar dat ik zo'n zere keel had omdat ik een derde keelamandel had! Er werden maatregelen genomen om de keelamandel te verwijderen. Op de grote dag nam Heit me mee op de fiets naar de stad Tiel, zo'n 20 kilometer verderop. Ik herinner me dat ik het ziekenhuis binnenkwam. Ik liep een kamer in met een aantal mensen. Een verpleegster nam me bij mijn hand en zette mij op haar schoot. Ik kreeg een rubberen schort om, een soort opvangbak onder mijn kin en ze stopten iets in mijn mond zodat ik deze niet kon sluiten. De arts hield een paar metalen tangen in een blauw vlammetje naast hem en stak ze in mijn mond. Hij wrikte even met de tangen in mijn mond en trok ze er daarna uit. De verpleegster duwde me naar voren en ik bloedde uit mijn mond in de opvangbak.

Heit met paarden, rond 1930.

Het bloeden stopte vrij snel en de verpleegster noemde me "een dappere jongeman." De verpleegster bleef bij me en nam me mee naar een kamer waar mijn vader op me wachtte. Hij nam me mee naar Oom Drieks drogisterij, waar ze me op een bank legden met een deken, zodat ik kon rusten. Heit ging tot mijn verdriet weg, maar hij kwam terug met een cadeautje, omdat ik niet had gehuild. Het cadeau was twee houten paardjes op wielen die een kar trokken. Ik was er zo blij mee! Dat is het meest gedenkwaardige cadeau dat ik ooit heb gehad toen we in Nederland woonden. Met Sinterklaas kregen we altijd eenvoudige, praktische cadeautjes, zoals nieuwe sokken of iets anders handgemaakt. Maar dit cadeau kwam uit de winkel en was heel bijzonder, omdat mijn ouders geen geld hadden om speelgoed te kopen. Heit pakte me op en nam me diezelfde middag op de fiets mee naar huis, weer een kilometer of twintig.

Thuis werd ik behandeld als een koning. Ik mocht beneden in het bedstee slapen. Heit maakte een plank op mijn schoot zodat ik met mijn paarden en kar kon spelen. Ik moest ongeveer twee dagen in bed blijven, wat ik niet leuk vond. Ik kan me geen greintje pijn herinneren!

Ik herinner me dat baby Geertje werd gedoopt. Een mooie, zwarte koets met een zwart paard ervoor kwam ons ophalen en bracht ons naar de kerk in Geldermalsen. De koetsier had een zwarte hoge hoed op, hij had een zweep aan zijn linkerkant en hij droeg de hele outfit die past bij een goede koetsier. Piet en Heit konden buiten zitten bij de koetsier. Ik moest binnen zitten. De binnenkant had twee zitplekken. Ik herinner me dat ik keek naar de deur en de handgreep en het uitzicht door het raam. Het was prachtig weer maar ik moest binnen blijven. Tante Sjoek was er ook, wat me een goede zaak lijkt als vroedvrouw. Ze was weer helemaal uit Friesland gekomen op de fiets. De reis van ons huis naar Geldermalsen was ongeveer tien kilometer. De koetsier wachtte op ons tijdens de dienst bracht ons daarna naar een kopje koffie en gebak en vervolgens naar huis. Ik herinner me niets van de kerkdienst zelf, alleen maar de koetsrit en het koffieuitje.

Boerderij waar Heit werkte. Moderne foto, door Sy Byle.

Tegen de tijd dat ik vijf jaar oud was, nam Heit me wel eens mee naar de boerderij waar hij werkte. De boerderij die mijn vader beheerde, behoorde tot een herenboer. Dat is iemand die geniet van het hebben van een boerderij, maar die iemand anders het werk laat doen. Heit had het beheer van de boerderij in 1930 overgenomen na de dood van zijn vader als gevolg van de Spaanse Griep. De traditionele woning van de eigenaar had het woongedeelte aan de voorkant en de schuur in de achterste helft van het gebouw. De koeien werden 's winters in de schuur gelaten, met hooi opgeslagen in een zolder boven hen. Varkens en kalveren werden in een gebouw achter de schuur gehouden, met mooie straatstenen om ertussen te wandelen. Een andere schuur aan de linkerkant van de koeienstal en het huis was voor de paarden en een wagen.

Ik vond het leuk om 's winters in de schuur te zijn. Het was lekker warm en er waren altijd vriendelijke katten om mee te spelen in het hooi. Heit besteedde veel tijd aan het voeren en afborstelen van de paarden. Heit liet me altijd onder de paarden door lopen en zei dat ik tegen ze moest praten, zodat ze niet van me schrokken. Ik herinner me nog hoe de paarden roken en hoe ze hun hoofd uit de trog haalden om naar me te kijken, alsof ze wilden zeggen: "Hallo, kleine jongen." Ze waren erg tam. Ik leerde al hun namen, want Heit praatte altijd met ze en noemde daarbij hun naam. Zelfs als Heit met hen in het weiland werkte, reageerden de paarden op mij. Ze keken naar me als ik hun naam riep en het leek alsof ze glimlachten.

De knotwilgen werden elke herfst gesnoeid zodra de bladeren weg waren. Boeren en arbeiders voegden de gesnoeide takken bij elkaar op grootte van doorsnee en bewaarden de bundels in een sloot met water van bijna een meter hoog. In het voorjaar hielden ze een werkbijeenkomst om te schillen. Wij kinderen kregen de kleinere takken van ongeveer een centimeter om te schillen. Elke tak was ongeveer 1,5 meter lang. Ik genoot echt van het schillen van de wilgentakken en onze buurman, Hannes Blom, vertelde me dat ik er erg goed in was. Een geschilde tak kreeg je door ze in een geveerd, metalen, y-vormig apparaat te slaan en er doorheen te trekken. De schors kwam er gelijk netjes en schoon af. De volwassen mannen schilden de dikkere takken (1-5 cm), die werden gebruikt om zware matten te maken. De smalle takjes werden gebruikt voor het weven van manden en andere ambachten. Mijn zus Gellie en haar vriendin Huipie de Waal konden manden weven. Het enige wat ik me kan herinneren dat ik als vijfjarige deed, was matten weven. Dat nam enige tijd in beslag, want ik moest het begin en uiteinde netjes afwerken. Zo rechttoe rechtaan als matten weven is, was het voor mij een uitdaging om te leren op die leeftijd.

De boeren gebruikten de zware wilgenmatten om de vele sloten van soms wel 2 tot 3,5 meter breed, die de velden omringden, over te steken. Ze plaatsten zware balken over een sloot met daarop de wilgenmatten. Ze konden dan hun span en gereedschap overbrengen. Om dit te illustreren, was er een beroemd, lokaal verhaal van twee broers die in een weiland buiten Waardenburg werkten. De een was aan het ploegen, de ander liep daarachter met een tandeg. Toen de ene klaar was met ploegen, wilde hij de overgang naar het volgende veld bespoedigen. Daarom nam hij de matten en balken alvast mee naar het volgende veld, waardoor

Knotwilgen in de winter. Moderne foto door Gijsje van der Heijden.

zijn broer vastzat op het ene weiland. Voordat ze de fout konden herstellen, kwam een buurman langs met zijn span en zag het hele gebeuren. Hij heeft het verhaal vrolijk rondverteld, en de twee broers zijn het nooit te boven gekomen.

In de Betuwe, de fruittuin van Holland, waren zowat alle plukemmers geweven wilgenmanden. Deze werden vooral gebruikt tijdens de oogsttijd voor kersen. Ik was niet groot genoeg om de kersen te plukken (die waren heerlijk zo zoet), dus het was mijn taak om alle spreeuwen weg te jagen. Ik kreeg een grote, houten rammelaar (ratel) op een paal van net iets meer dan een meter. Ik moest op en neer lopen in de boomgaard om te kijken of ik spreeuwen zag. Zo ja, dan moest ik geluid maken met mijn rammelaar. Soms gebruikte ik de rammelaar om wat kersen te plukken. De heer Sterrenberg, voor wie ik werkte, kon dat niet waarderen!

Kersenplukploeg, 1954. Willem van den Dungen, achterste rij, tweede van links.

Hoenderik (wilgenmand) en ratel voor het plukken van kersen, eigendom van Willem van den Dungen.
Moderne foto door Gijsje van der Heijden, 2010.

Knotwilgen in de lente. Moderne foto door Gijsje van der Heijden.

Kaart gemaakt door Sy Byle, 2010.

Waardenburg

In 1943 vonden Heit en Mem eindelijk een huis dat ze konden kopen, het lag veel dichter bij Heits werk (ongeveer 500 meter). We kwamen in de beschaving terecht, vlak naast een dijk en een dubbele spoorlijn. Tussen ons huis en de dijk had je een brede sloot en een kleine boomgaard. De sloot was een geweldige plek om te vissen met een dobber en wormen en om eendeneieren te rapen in het voorjaar. Op ongeveer anderhalve kilometer afstand lag de Waal, een zeer grote en belangrijke waterweg voor vrachtboten van en naar Duitsland. De brug over de Waal had twee rijstroken voor auto's plus twee stroken voor fietsers en voetgangers. Een treinbrug met een dubbel spoor lag net aan de oostkant van deze brug. Ons nieuwe huis lag aan de Parallelweg (de weg naar het huis lag parallel aan de spoorlijn) in de buurt van Waardenburg.

Ik keek vaak naar de zelfaangedreven binnenvaartschepen en de sleepboten die binnenvaartschepen en werkboten duwden en trokken. Terwijl ik naar de boten en treinen keek, probeerde ik uit te vogelen of ik een kapitein op een sleepboot wilde zijn of een machinist. Ik neigde naar een machinist op een stoomlocomotief. Maar naarmate de oorlog vorderde, zag ik treinen beschoten worden door gevechtsvliegtuigen en mensen schreeuwend uit de trein springen terwijl deze nog reed. Dat dempte mijn enthousiasme!

Tijdens de eerste jaren van de oorlog was alles nog redelijk rustig voor ons. Maar na de geallieerde landing in Normandië in 1944 zagen we veel meer gevechtsvliegtuigen en duikbommenwerpers. De geallieerden hadden toen immers uitvalsbases in Europa, waardoor ze niet meer over het Kanaal hoefden te vliegen om bij te tanken. De gevechtsvliegtuigen en duikbommenwerpers gaven me veel, wat ik dacht, veilig vertier. Aan de andere kant van ons aardappelveld bewaakte een Duits luchtafweergeschut de bruggen over de Waal. Als de gevechtsvliegtuigen op het geschut schoten en we op het veld waren, doken we in de dichtstbijzijnde sloot. De

Ik stond op de Parallelweg, bang maar tegelijkertijd opgewonden over de durf en lef van de P51 piloot als hij met het Duitse Ack-Ack afgeweergeschut speelde en het bespotte. Het was geen spelletje....
Tekening: Darrijl Bijle (2014)

gevechtsvliegtuigen gingen dan open en het regende lege kogelhulzen en manchetten. Als de schietpartij voorbij was, verzamelde ik de hulzen en manchetten tijdens het rooien van de aardappelen.

Tijdens de aanval schoten de Duitsers met machinegeweren op de inkomende vliegtuigen en met groter luchtafweergeschut als de gevechtsvliegtuigen wegvlogen. Het klonk als donder en de grond schudde ervan. Maar we voelden ons veilig want de gevechtsvliegtuigen waren zeer nauwkeurig. Deze konden slechts meters naast hun doel zitten, in tegenstelling tot de bommenwerpers, die er kilometers naast konden zitten. Dat ervaarden we later zeer dicht bij huis – maar daarover later meer. De Duitsers schoten over ons heen. We waren veel veiliger dan mensen twee-drie kilometer verderop, waar de kogels naar beneden kwamen.

Ik genoot echt van het kijken naar de vliegtuigen. Op een dag zag ik iets ongewoons. Een gevechtsvliegtuig (P-51) vloog vrij hoog en het grote geschut 88mm begon op hem te schieten. Je kon de rookwolkjes zien als de granaten ontploften. Het gevechtsvliegtuig begon rond te cirkelen en als de granaten dichtbij kwamen, kantelde hij zijn vleugel. Na een tijdje zo te hebben gespeeld, vloog het gevechtsvliegtuig dwars door de ontploffende granaten heen, rolde twee keer, kantelde zijn vleugel en vloog naar het westen. Ik denk dat de piloot met de gekantelde vleugel "Helaas pindakaas!" wilde zeggen. Ik weet nu dat er veel achttien- tot twintigjarige gevechtspiloten waren. Ik denk dat deze piloot er een van was. Hij moest er waarschijnlijk erg om lachen, maar hij had neergeschoten kunnen worden door zijn arrogantie - de Duitsers waren bepaald niet aan het spelen.

Bij dit huis hadden we meer grond. Tussen het huis en de dijk lag een keurige, gemengde boomgaard met peren, appels en pruimen. Ik herinner me dat ik Mem hielp met het opzetten van baby Geertjes box onder de grote blauwe pruimenboom. Ondanks dat ze een jaartje of twee was, kreeg Geertje op de een of andere manier een mooie, sappige pruim in haar handen en tegen de tijd dat Mem dit zag, had Geertje de pit al ingeslikt.

Mem haalde meteen haar fiets en zette Geertje in het kinderzitje om naar de dokter te rijden. Ik moest van Mem naar Driek Blom gaan, onze buurvrouw. Mem fietste zo snel mogelijk naar de huisartsenpraktijk in Waardenburg. Van de dokter moest ze ontspannen, omdat de pit de natuurlijke route zou nemen zonder enige negatieve gevolgen. En ja hoor, dat klopte.

Aan het einde van de boomgaard lag ongeveer twee hectare bos met daarlangs - de altijd aanwezige - greppel. Heit bouwde aan de rand van dat bos een schuilkelder, ongeveer 90 meter achter het huis – een gat in de grond van 1,2 meter breed en diep bij 2 meter lang, afgewerkt met stro. Spoorbalken bedekt met een meter aan graszoden vormden het dak. We kwamen binnen door een deur in de zijkant van de schuilkelder. Dit was het antwoord van een boer op de grote schuilkelders van cement. In werkelijkheid diende het alleen als schuilkelder voor brokstukken en kogels. Elke voltreffer door een bom zou ons in stukjes hebben geblazen, dat wisten we maar al te goed.

Mem, mijn jongere zus Geertje, mijn hond en ik brachten wel veel tijd door in die schuilkelder. Mijn hond, een kleine blonde terriërmix, lag dan opgerold op mijn schoot. Ik herinner mij een keer dat onze buurvrouw Driek en wij er zaten tijdens een van de gevreesde tapijtbombardementen. Er vielen bommen en het zware geschut en de machinegeweren waren aan het schieten, waardoor het een oorverdovend lawaai was. De grond schudde iedere keer dat er een bom dichtbij neerkwam en vuil viel op ons. Mem zat rustig met Geertje op haar schoot christelijke liederen te zingen. Ik herinner me nog precies dat mevrouw Blom niet aan het zingen was maar, tot mijn afschuw, haar longen uit haar lijf schreeuwde. Ik wilde tegen haar schreeuwen dat ze gewoon moest meezingen met mijn moeder. Ik kreeg daardoor veel respect voor Mem.

Door Heits werk was Mem standaard de geestelijke leider van de familie. Ze bad voor elke maaltijd en noemde daarbij namen, plaatsen, gebeurtenissen enzovoort die haar na op het hart lagen, dus niet alleen met "God zegen dit eten". Als we klaar waren met eten, las ze een heel hoofdstuk voor uit de

De familie Byle, 1943. Sybe, Baukje met Geertje, Pieter, Auke, Gelland.

Bijbel, gevolgd door een dankgebed. Geschriften als Mattheüs hoofdstuk vijf, waarin Jezus ons leert, "heb uw vijanden lief, zegen wie u vervloekt, doe goed aan hen die u haten; en bid voor hen die u smadelijk behandelen en u vervolgen, opdat gij kinderen moogt zijn van uw Vader in de hemel; want Hij laat Zijn zon opgaan over bozen en goede en laat het regenen over rechtvaardigen en onrechtvaardigen," bereidden ons voor op de ontberingen van de oorlog. Dit gaf ons allemaal richting en een besef dat God er altijd was. We begonnen te begrijpen dat God ons ondersteunende, zelfs in zeer moeilijke tijden.

We gingen nu naar de Gereformeerde Kerk in Zaltbommel omdat het dichterbij was dan onze vorige kerk, de Gereformeerde Kerk in Geldermalsen. Het leukste voor mij aan naar de kerk gaan was de Waal oversteken. Het was, en is nog steeds, een drukke, spannende rivier. Een ander leuk deel was dat ik pepermuntjes kreeg tijdens de dienst om me rustig te houden. Ik herinner me niet veel meer van de kerk dan dat ik altijd verveeld was van het lange zitten. Mijn geloof kwam vooral uit het kijken naar mijn ouders.

Mijn ouders praatten zeer gemakkelijk over hun geloof. Ik herinner me dat ik een keer zat te luisteren naar Heit, die aan tafel praatte over de begrafenis van Cris Sannens vader, de eigenaar van een lokale supermarkt. Tijdens de dienst had de priester gezegd dat Sannen "het recht had verdiend om God in levenden lijve te spreken". We vonden allen de familie Sannen erg aardig en eerlijk. Cris bracht met paard en wagen kruidenierswaren van deur tot deur. Hoewel ze katholiek waren, werden ze zeer gerespecteerd door de protestantse meerderheid van het dorp. Mijn ouders waren ook erg dol op ze en geloofden dat ze goede christenen waren. Heit was het ermee eens dat Sannen een goede, eerlijke man was. Maar hij stelde dat ook Sannen net als iedereen Jezus nog steeds nodig had als bemiddelaar tot God. Mijn vader legde het zo uit dat zelfs ik kon zien dat het verstandige woorden waren, ook al was ik zeven.

Vlakbij ons huis in Waardenburg lag ook een vijver. Ik ging daar op zoek naar eendeneieren, dat vond ik leuk. Meestal ging ik alleen, omdat Pieter moest werken. Er zaten wel een aantal gevaren aan het rapen van eendeneieren. Ten eerste kon ik worden gepakt door jachtopziener Van der Elst, die patrouilleerde over het land van barones Mevrouw van Pallandt. Ten tweede bestond het risico op verdrinking, omdat ik soms borstdiep in de vijver moest waden. Maar ik was gewend aan spelen in het water, vooral met mijn roeiboot op de vijver en had alle vertrouwen in mijn zwemvaardigheden (hondjesslag). Ik zocht eieren in de vijver in de buurt van ons huis en in de sloot langs de Parallelweg. Ondanks de risico's hielden mijn ouders me niet tegen.

Ik hield van het zoeken naar eendeneieren en volgens mij was ik er vrij goed in! De procedure was eenvoudig. Voor de jacht hield ik overdag in de gaten waar de eenden waren. Een mannelijke eend in zijn eentje geeft aan dat een vrouwelijke eend op een nabijgelegen nest zit. Ik begon met vroeg opstaan in de ochtend, een wandeling maken langs de waterkant en het wegslaan van het oeverriet met een stok. De zittende eend wachtte meestal tot ik op drie meter afstand in de buurt kwam en vloog dan weg. Ik kon het nest met de eieren gemakkelijk vinden. Daarna moest ik controleren welke eieren eetbaar waren en welke al een kuikentje hadden. Dit deed ik door een ei plat in de palm van mijn hand te leggen en mijn hand in het water te stoppen, waardoor het ei volledig werd ondergedompeld. Als het ei rechtop ging staan, zat er al een kuikentje in en zette ik het weer terug in het nest. Als het ei plat bleef in mijn hand onder water, kon je het eten! Ik nam de eetbare mee naar huis en liet de rest in het nest.

Zodra ik een nest gevonden had, kon ik zo'n twee weken lang om de paar dagen terugkeren naar hetzelfde nest voor nieuwe eieren. Maar ik moest mijn best doen om het nest niet te verstoren, omdat de eenden dan niet meer terug zouden komen. De eenden hielden meestal acht tot twaalf eieren in een nest. Het grootste aantal goede eieren dat ik ooit uit een nest heb gekregen was negen! Ik was toen drijfnat, omdat het nest vastzat aan wat riet en dreef. Ik ben niet gaan dobberen, maar zonk tot aan mijn borst in het moerassige water. Het was het allemaal waard! Gelukkig was Pieter die keer toevallig bij me. Aangezien ik de eieren had gevonden, kreeg ik de pluim, maar Pieter had me geholpen.

De eerste plek waar ik een bord met "Voor Jooden Verboden" zag was bij een park in Zaltbommel onderweg naar de markt. Op de markt zag je altijd Joden. Je kon ze vooral herkennen toen ze de gele davidster gingen dragen op hun kleding. Ik herinner me een keer dat ik met mijn vader naar de markt ging en dat we keken naar een Jood die een schilmes demonstreerde. Het werkte zo goed dat mijn vader er een kocht. Thuis probeerde Mem en hij ermee te schillen, maar het lukte voor geen meter.

Op een dag was ik met Mem op weg naar Zaltbommel, toen de Duitse bewakers ons tegenhielden. We lieten hen onze persoonsbewijzen zien maar de bewakers vonden het nog steeds verdacht. Ze bevolen me om van Mems fiets af te stappen, haalden de pet van mijn hoofd, en geboden mij om mijn sjaal te verwijderen. Een van de bewakers ging door mijn haar om te zien of ik donkere wortels had. Toen wist ik wat ze zochten - Joodse kinderen. Ik had heel witblond haar, wat verward kon worden met gebleekt haar. Mensen die Joden verborgen hielden, bleekten de haren van de kinderen om hen te helpen bij hun vlucht naar veiligheid achter de geallieerde linies. De Canadese troepen waren op dat moment de Duitsers aan het terugdringen.

Hoe gek het ook klinkt, zelfs toen de nazi's de oorlog aan het verliezen waren, waren ze vastbesloten om zoveel mogelijk Joden te vermoorden. Ik herinner me een NSB'er die ons schoolkinderen (groep 1 tot en met 3) een voordracht gaf over wat we vandaag 'politieke correctheid' zouden noemen. Hij sprak over hoe slecht de Joden waren en zei ons dat alles wat verkeerd was in onze samenleving de schuld van de Joden was. De nazi's loofden een grote beloning uit voor het aangeven van Joodse kinderen. Veel Joodse kinderen waren op zolders of in andere kleine ruimtes verborgen, zonder dat buren of zelfs familieleden in hetzelfde huis ervan af wisten. De Joden een doelwit maken was voor mij als kind een mysterie. Zo kon ik bijvoorbeeld niet begrijpen waarom de beloning voor het aangeven van een Joods kind groter was dan de beloning voor een geallieerde vliegenier. Ik bewonderde de vliegeniers en dacht dat ze veel meer waard moesten zijn dan kleine kinderen! Toen ik uit school kwam, vertelde ik Mem hoe slecht de Joden waren. Mem keek mij strak aan en zei toen: "Jezus is een Jood." Dat heeft me echt geholpen om grip te krijgen op de situatie! Dat is alles wat Mem zei, of wat ze kon zeggen om niet later beschuldigd te worden van het steunen van Joden. Mem kennende weet ik zeker dat ze bad dat haar kleine jongen het zou begrijpen en dat deed ik ook.

Halverwege de ochtend op 17 september 1944 ervoer ik het meest angstaanjagende bombardement van mijn leven, dat samenviel met de beroemde luchtaanval op Arnhem - Operatie Market Garden. Toen mijn familie naar de schuilkelder bij ons huis ging, kon ik alleen maar een massieve, blauwe muur van vlammen en rook op ons af zien komen. Vliegtuigen vlogen hard onze kant op (met 160-225 kilometer per uur, kwam ik later als volwassene achter). Bommen vielen om ons heen neer toen we de schuilkelder ingingen. Na het bombardement vonden we aluminium propellers van ongeveer 13 tot 15 centimeter lang verspreid over de grond, die er voor zorgden dat de bommen tot ontploffing kwamen voordat ze de grond raakten. We leerden later dat deze operatie was bedoeld om een aantal afwerpzones, allemaal binnen veertig kilometer van onze plek, te beschermen. Bij deze operatie werden 2800 ton hoog explosieve Splinterbommen afgeworpen. Ik zag dat mijn broer Pieter een stukje bom uit onze voordeur haalde. Het stuk was 1,5 bij 2,5 cm. Wat voor een enorm gat zou dat zijn geweest als dat stuk een mens had geraakt!

Een week later speelde ik bij het huis van mijn vriend Willem van den Dungen. Ik zag meer dan honderdtwintig Canadese krijgsgevangenen op de weg marcheren onder leiding van een aantal zwaarbewapende Duitsers. De Canadezen marcheerden behoorlijk goed, vond ik, in hun mooie uniformen met volledige velduitrusting. Ze droegen nog steeds hun helmen. Ze zagen er nogal indrukwekkend uit. Ik was teleurgesteld dat ze hun gevecht met de Duitsers hadden verloren.

Ik heb goede herinneringen aan het werken in de tuin met Mem. Ze had het hele jaar door een moestuin. De opbrengst was afhankelijk van het seizoen. Zelfs in de winter hadden we gewassen zoals boerenkool en spruitjes. We oogsten elk seizoen wortels. Tuinieren had heel vervelend kunnen zijn, maar Mem maakte het leuk. Ze zong christelijke liederen, Geertje lag dichtbij in haar wieg. Mijn taak was om de wortels te wieden en te dunnen - elke keer als ik nu wortels in de tuin zie, denk ik aan Mem. Zodra ik klaar was, mocht ik gaan spelen bij de sloot, waar ik meestal kikkers en salamanders kon vinden. Die moestuin speelde een belangrijke rol in onze overleving aangezien honger in de winter van 1944-1945 hoogtij vierde, vooral in de steden.

Stukje bom uit de deur van ons huis in Waardenburg, 17 september 1944.
Foto door Ingrid Byle.

Op dit punt in de oorlog hadden de Duitsers onze school gesloten om het te gebruiken als munitiedepot, tot mijn vreugde! De geallieerden probeerden meestal bombardementen op kerken en scholen te vermijden, dus natuurlijk maakten de Duitsers daar gebruik van. Aangezien de school dicht was, stuurde Heit en Mem me voor lessen naar het huis van een lerares in Waardenburg. Ik herinner me dat één van de activiteiten het 'Aap-Noot-Mies' bord was. Het bord had zeventien verschillende plaatjes om de letters van het alfabet te leren. Mijn taak was om bijpassende letters te vinden en ze onder elk plaatje op het bord te leggen. Als ik klaar was, werd ik beloond door te spelen met haar moderne wonder – een grammofoon! Ik mocht het opwinden en zij zette dan de naald op de plaat!

Wat was dat spannend! Ik had nog nooit zoiets gezien, en ik mocht het opwinden! Ik schepte erover op bij mijn familie en vrienden. Ik had twee keer per week een uur les. Als betaling bracht ik de lerares een kan verse melk.

Op de grammofoon van mijn lerares na was mijn invloed van muziek beperkt, vooral omdat radio's verboden waren door de nazi's. Onze familie zong wel veel. Mem zong of neuriede terwijl ze bezig was met haar dagelijkse taken en daardoor

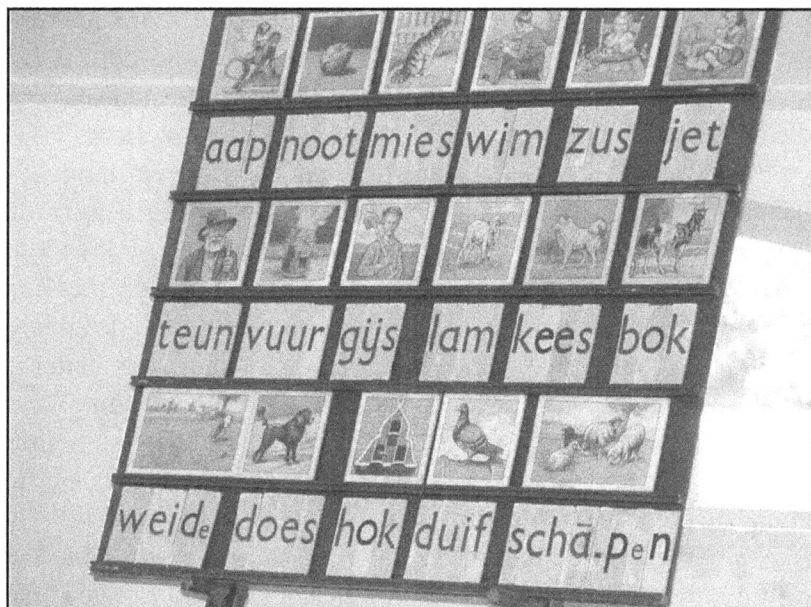

zongen wij ook veel, ongeacht wat we deden. Piet en Gellie speelden allebei harmonica, net als een heleboel anderen. Piet was er bijzonder goed in. Hij kon het zelfs tijdens het fietsen. Tieners als Piet en Gellie maakten parodieën op oude nummers, zoals "Roll Out The Barrel", door teksten te verzinnen die de Duitsers bespotten en iedereen die met hen te maken had, zoals de Nederlandse meisjes die met ze uitgingen. Ze werden straatliedjes genoemd. Natuurlijk zongen we ook liederen in de kerk, christelijke gezangen en refreinen. Cris Sannen, onze lokale kruidenier, speelde voor me op zijn piano als ik 's avonds zijn melk bracht, een baan waarmee ik op zesjarige leeftijd ben begonnen. Ik genoot van de muziek, hoewel ik het deuntje vaak niet kende. Ik denk dat hij veel klassieke stukken speelde. Cris speelde in de Waardenburgse fanfare, die vaak optrad op vrijdag- of zaterdagavond. De muziektent lag aan de westzijde van het spoorlijn langs de Steenweg. Soms zongen en speelden ook de Duitsers bij die muziektent. Piet, Gellie en ik luisterden dan. We moesten zitten of staan in het gras of langs de Steenweg. Jonge kinderen van mijn leeftijd speelden graag tikkertje, maar dat werd niet gewaardeerd door de oudere mensen. Ik vond de muziek leuk, vooral als de Duitsers zongen! Natuurlijk moesten we voor de avondklok binnen zijn 20:00 uur, zonder uitzondering.

Eten was een zeer kostbaar goed, en werd zoveel mogelijk beheerd door de machthebbers. Gellie en ik gingen naar de graanvelden om aren te lezen. (net als Ruth in de velden van Boaz). De mannen oogsten graan door het te snijden met een sikkel in de ene hand en een haak op een korte stok in de andere hand. Een andere werknemer liep daarachter, verzamelde handenvol graanhalmen en maakte er een bundel van. Weer twee andere werknemers maakten van de bundels een schoof (meestal 10 bundels voor een schoof). Arenlezers, zoals Gellie en ik, raapten op wat er werd achtergelaten op de grond.

We namen het opgeraapte graan mee naar huis, spreidde het uit op een zeil aan de achterkant van het huis, en dorsten het. De dorsvlegel was gemaakt van twee zware stokken, een lange (ongeveer 120 cm) en een korte (ongeveer 60 cm), die aan elkaar gebonden waren met een touw of leren band. De lange stok was voor het vasthouden en de korte voor het dorsen van het graan. We kregen het goed onder de knie. Ik vond het dorsen leuk en was er vrij goed in voor een zevenjarige. Na het dorsen stopten we het graan in emmers en namen het mee naar buiten tussen het riet, zodat niemand ons kon zien. Er was altijd een kans dat een overheidsfunctionaris het in beslag zou nemen. Gellie en ik wachtten op een briesje en gingen dan op een stoel staan om het graan in een tobbe te gieten. De wind blies het kaf weg. Dit deden we totdat al het kaf weg was. Mem bewaarde het graan in blikken, zodat het gebruikt kon worden wanneer het nodig was. Ze liet me het graan vermalen in onze kleine koffiemolen. Ik vond het leuk om met Gellie te werken, want ze was echt goed in wat ze deed. Daardoor leek het alsof ik er ook goed in was.

Het dorsseizoen op de boerderij vond ik leuk. Heits vriend had een dorsmachine en een tractor. Hij liet me op de tractor zitten en helpen met het graan in een zak doen. Ik moest van de riemen van de dorsmachine wegblijven, maar ik keek als hij ze oliede en zag dat hij een soort buis op de riemen hield als ze aan het draaien waren. Ik vond het leuk om erbij te zijn. Mijn taak was om een lege graanzak vast te maken aan de buis waar het graan uitkwam en een hefboom om te draaien zodra de zak vol was. De hefboom leidde de graanstroom tussen twee zakken - links voor de linkerzak, rechts voor rechterzak, omhoog voor halt. Vervolgens bond de dorsman snel met een kort touw de zak dicht en zette deze op een platform. Heit reed op een van de drie paard-en-wagens die de graanschoven van het veld naar de machine brachten.

Tijdens het dorsen was een overheidsinspecteur aanwezig die de graanzakken telde. Rond tien uur 's ochtends kwam de vrouw des huizes naar buiten en nodigde iedereen uit naar binnen te komen voor "echte" koffie en lekkernijen. Iedereen kwam binnen, ook de inspecteur. Ik kreeg wat koekjes en gekookte melk – geweldig! Toen we allemaal terugkwamen van onze pauze was de inspecteur erg overstuur. Iemand had blijkbaar enkele graanzakken weggehaald. De inspecteur ruziede met de dorsman en de boer, maar hij kon niets bewijzen en niemand beschuldigen, want de boer, zijn arbeiders en de buren waren allemaal binnen. Dat was een van de manieren waarop de boeren de regels omzeilden.

De socialistische regering probeerde elk aspect van het leven te beheersen. Boeren moesten al hun dieren registreren. Men kon geen dier slachten zonder toestemming van de overheid. Als toestemming werd verleend, moest je melden wanneer de slachting zou plaatsvinden, zodat een inspecteur het kon overzien en het goedgekeurde vlees een stempel kon geven. Een inspecteur kon op elk moment binnenkomen om te controleren of al het voedsel een stempel had. Als iemand werd betrapt op het slachten van zijn of haar eigen vlees zonder vergunning, kon diegene ter plekke neergeschoten worden.

Boeren namen het risico de vleescontroles te omzeilen door in het geheim te slachten. Na de oorlog vroeg ik aan Heit hoe we altijd genoeg vlees leken te hebben, want ik had nooit een geheime slachting gezien of het bewijs ervan. Heit legde uit dat Mem ons 3-4 uur ergens mee naartoe nam, om vrienden te bezoeken, terwijl drie buren kwamen helpen. Ze namen het dier, meestal een varken, mee naar de bossen om het te slachten en deelden het in vieren, één stuk voor elk gezin. Omdat het slechts een kwart was, hoefde niemand veel vlees te verbergen. Alleen oude, vertrouwde buren werden in het verbond opgenomen. Elk gezin moest om de beurt een slachtdier doneren. Een andere manier waarop ze de wetten omzeilden, was de inspecteur omkopen met een gerookte ham of een ander overeengekomen stuk vlees. In dat geval kreeg een boer een vergunning om een varken te slachten, maar slachtte hij op de dag twee of drie varkens. De inspecteur gaf alle drie een stempel. De boer verdeelde dan het vlees onder vrienden en zorgde ervoor dat de ham werd afgeleverd bij het huis van de inspecteur, zodat de inspecteur nooit kon worden beschuldigd deze te hebben aangenomen.

Ik herinner me een keer dat we verstoppertje aan het spelen waren en ik me verstopte in de slaapkamer van mijn ouders. De kamer van onze ouders was strikt verboden, dus ik dacht dat niemand me daar zou vinden. Ik opende de kastdeur en verstopte me tussen de kleren. Ik botste tegen iets hards. Het was een mooie, grote gerookte ham! Ik wist dat niemand daarvan af mocht weten. Ik rende daarom maar weg en verstopte me onder de divan in de woonkamer.

Heit runde een melkveebedrijf dat de kudde koeien met de hand molk. In het voorjaar, de zomer en de herfst molken hij en andere werknemers buiten in een melkstal die was opgezet in het weiland. De melkbussen stonden aan de wegkant van het hek. Twee grote, trechtervormige zeven zaten bovenop de bussen. Als een melker klaar was met het melken van een koe, liep hij naar het hek en goot de melk uit een emmer in de zeef, na natuurlijk gecontroleerd te hebben of de bus genoeg ruimte had voor de melk zonder over te lopen. Een melker zat op een kruk met één poot en hield de melkemmer vast met zijn knieën. De emmer zelf rustte op de grond of op de klompen van de melker.

Klompen, een van de kenmerken van de Nederlandse cultuur, hadden een aantal grote voordelen voor de melkveehouder. Ze waren warm en waterdicht, konden tegen modder en beschermden je tegen koeien die op je tenen gingen staan. Als een koe op je tenen stond, deed het geen pijn met een klomp. Droeg je leren of rubberen laarzen of schoenen, dan deed het vreselijk pijn en kon het je voet breken. Klompen waren zeer populair en overal te krijgen. Elke plaats had zijn eigen klompenmaker. Hij reed rond met zijn paard en een volle wagen met klompen – gewone, chique geschilderde en uitgekerfde. Ik vond het leuk om ze te passen.

Maar, terug naar het melken. Als een koe de neiging had om weg te lopen of te schoppen tijdens het melken, had iedere melker een kort touw om snel de achterpoten vast te binden. Zelfs met vastgebonden achterpoten probeerde een koe nog wel eens weg te springen. Als ze dat deed, bond de melker ook haar hoofd vast. Gelukkig stonden de meeste koeien rustig te herkauwen. Het zorgde voor een rustige, aangename omgeving.

Het Duitse leger moest natuurlijk ook eten en drinken, en ze probeerden eten zo veel mogelijk lokaal te verkrijgen. Omdat zij het overwinnende leger waren, konden ze dat eisen en krijgen. Ze waren wel zo netjes om te betalen voor hun bevoorrading. Echter, ze drukten ook het geld. Tegen het einde van de oorlog was er geen voorraad meer in de winkel. "Niks in de winkel, alles in de kelder" was een bekend gezegde. De boeren produceerden nog wel, maar de infrastructuur voor verwerking functioneerde niet meer. Dus regelde het Duitse leger het rechtstreeks bij de boeren.

Heit moest het leger twee keer per week voorzien van twee bussen melk. Ze stuurden een soldaat met paard en wagen om de melk te halen. Onze soldaat heette Hans. Hij was een soldaat der eerste klasse bij het luchtafweergeschut. De eerste keer dat ik Hans ontmoette, hield hij zijn paard bij de teugel vast en praatte ertegen. Ik dacht dat hij wel OK moest zijn als hij tegen zijn paard praatte. Dus liep ik naar Hans toe en praatte met hem. We spraken Duits, want mijn Duits was beter dan zijn Nederlands – de communicatie verliep goed.

Na onze eerste ontmoeting keek ik uit naar Hans' bezoeken. Ik zat vaak naast Hans op de wagen, terwijl hij me een foto van

Schets van Hans en Auké op de wagen, door Kayla Byle (© 2010).

zijn gezin liet zien. Op de foto stond zijn zoon van ongeveer mijn leeftijd, en Hans zei dat we veel op elkaar leken. Dan wreef hij door mijn haar en lachte. Zijn vrouw en twee dochters stonden ook op de foto. Hans zei vaak tegen mij: "Wir haben den krieg nicht gewollt." ("We wilden deze oorlog niet.")

Op een dag kwam een andere soldaat dan Hans. Ik vroeg hem waar Hans was. Hij negeerde me. Hij wilde niet met me praten. Dus ik vroeg het aan mijn vader en ook hij vermeed de vraag. Dat was ongebruikelijk, Heit praatte meestal erg gemakkelijk tegen mij. Toen we die avond thuiskwamen, vertelde ik Mem dat niet Hans maar een andere soldaat was gekomen. Heit vertelde me toen wat er met Hans was gebeurd. Hij had een bericht gekregen waarin hem werd medegedeeld dat zijn vrouw en kinderen waren omgekomen bij een geallieerd bombardement. Toen hij dit hoorde, pleegde hij zelfmoord door zichzelf neer te schieten! Het deed me pijn als ik nadacht over hoe vreselijk Hans zich moest hebben gevoeld door het verlies van zijn gezin. Ik worstelde met mijn gevoelens, omdat ik wist dat de geallieerde vliegtuigen Duitsland bombardeerden om ons te bevrijden. Maar ik vond het vreselijk dat die bommen mensen zoals Hans' familie doodden! Ik sprak er met Mem over. Zij vond het ook triest dat zoveel mensen moesten sterven tijdens de bombardementen.

Op een mooie, warme lentedag liep ik op blote voeten (wat ik veel deed) naar een veld waar Heit aan het ploegen was met vier paarden. Toen hielden twee Duitse soldaten me staande in een veld naast die van Heit. Ze waren aardappels aan het stelen uit een veldopslag. Boeren sloegen aardappels op in een brede geul van ongeveer twee meter breed en acht meter lang en zestig cm diep. De boer bedekte de geul met stro, deed de aardappels erin en bedekte de aardappels met stro en ongeveer 30 cm aarde. De soldaten gebaarden me om hen te komen helpen door de zak vast te houden, maar ik liep door. Een van de mannen schreeuwde, pakte zijn geweer en richtte het op mij. Toen had hij mijn aandacht! Ik ging naar ze toe en hield de zak vast. Ze vulden enkele zakken totdat Heit zijn span tegenover ons stopte en me gebaarde om bij hem komen. De Duitse soldaat gaf me twee sigaretten voor mijn vader en vertelde me dat ik kon gaan. Oef! Ik bedankte hem en liep naar Heit. Al snel nadat ik weg was, kwam de boer van wie de ze aardappels aan het stelen waren aan op zijn fiets. Hij vertelde hen in zeer kleurrijk Nederlands dat ze daar als de sodemieter weg moesten gaan. Een soldaat pakte zijn geweer en richtte het op de boer. De boer sprong op zijn fiets en vertelde hen dat hij het stelen zou verlinken bij hun commandant. Terwijl hij wegfietste, schoot de Duitser in de spoorwegdijk. De boer schreeuwde terug dat de soldaat op de duivel kon gaan schieten, "jij rotmof!" Ik was onder de indruk van de dappere boer.

Op een vroege ochtend in de herfst van 1944 liepen Jacobus van den Dungen ("Cobus") en Hannes Blom voorbij ons huis aan de Parallelweg, op weg naar een bietenveld vlakbij. Ze droegen bietenspaden – een zeer handig en eenvoudig te gebruiken gereedschap. Hun taak die dag was om suikerbieten te oogsten door ze op te graven en op stapels te gooien. Later zouden ze worden opgehaald met paard en wagen. Jacobus zwaaide naar me, omdat ik bevriend was met zijn jongere broer, Willem. Ik zwaaide terug. Zoals zo vaak in deze fase van de oorlog, vlogen de geallieerde gevechtsvliegtuigen en duikvluchtbommenwerpers die middag over, en ze schoten op alles dat op hun doelwitlijst stond. Mijn familie en ik renden naar onze schuilkelder. Ondertussen dook Hannes in de sloot die langs het bietenveld liep. Hannes

Jacobus van den Dungen, overleden 8 nov. 1944.

riep naar Cobus, die in het veld een sigaret zat te rollen, om ook in de sloot te komen. Cobus antwoordde: "Zodra ik mijn sigaret heb gerold!" De keer daarop dat Hannes keek, lag Cobus plat op de grond met een groot kogelgat in zijn nek. Zodra het schieten stopte, rende Hannes voorbij ons huis en schreeuwde hij: "Cobus is dood! Cobus is dood!"

Snel verzamelden een heleboel mensen zich met een hoop lawaai op het bietenveld. Mem, die Geertje vasthield, stond met Gellie en mij te kijken naar de menigte die op het pad drie meter van ons huis vandaan voorbij kwam. Even later liepen ze weer voorbij ons huis, terwijl ze Jacobus droegen op een ladder bedekt met dekens. Zijn ouders liepen vlak achter de ladder. Ik herinner me dat zijn moeder bleef huilen: "Mijn jongen, mijn jongen, Cobus." Het verdriet van de familie raakte me. Het was niet zo lang geleden dat Cobus en ik zo vrolijk naar elkaar hadden gezwaaid. Jaren later, toen mijn vriend Willem volwassen was, noemde hij zijn zoon Jacobus ter nagedachtenis aan zijn broer.

Door de honger kwamen mensen uit de stad om te bedelen en te ruilen voor voedsel. Mensen kwamen in massa's over de wegen, duwende en trekkende karren en kruiwagens, die volgeladen waren met voorwerpen om te ruilen voor voedsel. Ze hadden klokken, kleding, meubels, bezems, wat ze ook maar konden meenemen. Ik herinner me dat Mem een keer voor een bezem had geruild. We waren slechts kleine boeren en hadden weinig tot geen overschot. Toch voedde Mem ze en liet ze in het hooi slapen in de schuur als de avondklok bijna inging en ze nog naar huis moesten. De meesten kwamen uit de grote steden, zoals Utrecht, zo'n vijfendertig kilometer verderop. Als de avondklok inging, moest iedereen van de weg af zijn en binnen, anders kon je ter plekke worden doodgeschoten. Vooral de SS patrouilles waren gevreesd, omdat ze veel sneller schoten dan het normale leger.

Gasten in de schuur vormden soms een probleem want mannen rookten wel eens sigaretten terwijl ze in het hooi lagen. Natuurlijk vroeg Heit ze om dat niet te doen. Ik herinner me een keer dat een vrouwelijke gast naar het huis kwam om Heit te vertellen dat een man aan het roken was in het hooi. Heit vertelde de man dat hij kon vertrekken. De man was natuurlijk doodsbang voor de Duitse patrouilles, dus sliep hij maar bij de koeien.

Een keer ruilden we voor een tweewielige kar. Heit hielp me bij het maken van een harnas voor mijn bok van oude dorsmachineriemen, zodat de bok de kar kon trekken. De wielen van de kar waren oude fietswielen. Ik had veel plezier met de bok en wagen. Hij was behoorlijk goed in het trekken. Stoppen en draaien waren echter een beetje problematisch. Ik moest constant van de kar af om hem te laten stoppen of in een andere richting te laten draaien!

Kerstmis in 1944 werd anders dan normaal gevierd. We gingen nu naar de Hervormde Kerk in Waardenburg omdat het geweervuur van het geallieerde geschut ervoor zorgde dat het te riskant was om over de Waalbrug bij Zaltbommel te gaan. Maar, aangezien onze kerk in Waardenburg naast een schoolgebouw lag dat gebruikt werd als munitieopslag (een riskante omgeving vanwege de kerstfeestvierders met aangestoken kaarsen), had de Duitse commandant voor ons geregeld dat we onder Duitse hoede naar een andere kerk in Neerijnen konden lopen. Ik herinner me dat ik met Pieter en Gellie ging. De route bracht ons over de dijk na de avondklok; normaal gesproken waren beiden verboden. Een hele reeks aan zware machinegeweren bedekte de noordkant van de dijk. Dat was een deel van het luchtafweergeschut van de Waalbruggen. De soldaten die de wapens bemanden, lachten en maakten grapjes als we voorbijliepen. Onze Duitse bewakers marcheerden voor, naast en achter ons. Ik liep dicht bij een bewaker aan de rechterkant. Zijn geweer had een bajonet, wat indruk op mij maakte. Toen we aankwamen bij de kerk in Neerijnen bleven de bewakers buiten.

In de kerk stond een grote kerstboom, die versierd was met echte kaarsen. We zongen kerstliederen, en Jan Davids vertelde een kerstverhaal. Daarna gingen er een mandje met krentenbollen rond. Mmm, wat een verwennerij! De "mars" terug naar huis was een fijne ervaring onder de koele, heldere sterrenhemel. We liepen opnieuw voorbij de machinegeweren, die nog steeds werden bemand door joviale, lachende soldaten.

De kerk in Neerijnen waar we in 1944 Kerst vierden. Moderne foto door Sy Byle.

In het najaar van 1944 en het voorjaar van 1945 waren er veel meer activiteiten van gevechtsvliegtuigen en duikbommenwerpers. Ik vond het leuk om naar hun kat-en-muisspel te kijken als ze de Duitsers lastig kwamen vallen. De belangrijkste Duitse luchtafweergeschutinstallaties lagen aan de westkant van de treindijk, net als ons huis. De geallieerde gevechtsvliegtuigen vlogen soms echt laag aan de oostkant van de dijk, vlogen dan net over de dijk achter het bos vandaan, en vielen het geschut aan voordat ze konden reageren. Deze gevechtsvliegtuigen leken op tanks (P-47). De Duitsers wijs geworden door dit spel, groeven twee zware machinegeweren in de dijk aan de westzijde, binnen 800 meter van waar de gevechtsvliegers over waren gevlogen. Ik bekeek de schutters die aan het graven waren, en dacht dat ze de gevechtsvliegtuigen gemakkelijk uit de lucht zouden kunnen blazen! De poging van de Duitsers om de gevechtsvliegtuigen te verrassen was niet erg succesvol, want ik zag drie gevechtsvliegtuigen de ingegraven machinegeweren aan flarden schieten. De vliegtuigen moesten de wapens op tijd hebben gezien of de ondergrondse moest de geallieerde strijders informatie hebben gegeven. Ik had een beetje medelijden met de machinegeweerschutters. Ik had nog nooit zo'n intense beschieting gezien. De vliegtuigen maakten zeer korte cirkels en ze bleven laag aan de oostzijde van de dijk, zodat het luchtafweergeschut niet op hen kon schieten. Ze verpletterden het mitrailleursnest. Terwijl ik vanuit ons huis keek, verwachtte ik dat een of meerdere vliegtuigen neergingen, maar dat gebeurde niet. Alle drie de vliegtuigen vlogen laag naar het noorden en verdwenen. De Duitsers lieten het idee al snel varen.

Een paar dagen na die aanval zag ik Duitse soldaten in een grote begrafenisstoet. Ze marcheerden met twee of drie kisten. We wisten niet of de doden afkomstig waren van de machinegeweerinstallatie, maar ik had het idee dat het zo was. Een buurman gaf aan dat onder de doden "een hoge" (een hoge officier) geweest moest zijn omdat ze doorgaans niet zo'n grote stoet hadden.

De Duitsers hielden een aantal gevechtsvliegtuigen verborgen aan de randen van de bossen om gehavende, geallieerde bommenwerpers neer te schieten, die terugkeerde van bombardementen op Duitsland. Aangezien ze achter de belangrijkste formatie aanhinkten, waren deze bommenwerpers een gemakkelijk doelwit. Eén gelegenheid staat in mijn geheugen gegrift. Zes Duitse gevechtsvliegtuigen kwamen laag aanvliegen, vanuit de omgeving van Geldermalsen, en vlogen steil omhoog onder een gehavende B-17. Al snel zag ik een gevechtsvliegtuig al rokend wegdraaien – de piloot sprong niet. Tot mijn verbazing gingen nog twee gevechtsvliegtuigen naar beneden! De overige drie verspreidden zich, maar hielden de aanval vol. Ten slotte ging de oude bommenwerper neer. Verschillende, geallieerde vliegers sprongen eruit. Dit soort aanvallen gebeurde bijna dagelijks tijdens het laatste deel van de oorlog, hoewel ik nooit meer drie Duitse gevechtsvliegtuigen heb gezien die neergeschoten werden door een B-17. Meestal gingen de gehavenden bommenwerpers al snel rokend neer, soms met vlammen.

Ik vond het altijd leuk om te zien hoe de Duitsers probeerden de neergehaalde vliegers te vinden voordat de ondergrondse dat deed. Ik kon zien dat ze met vrachtwagens of motoren in de richting van de parachutes reden. De Duitsers hadden overdag meer succes met het ophalen van vliegers. Maar 's nachts had de ondergrondse een grotere kans. Toen de geallieerden in Nederland waren gestationeerd, werd het nog gemakkelijker om ze terug te laten keren naar de basis.

Gedurende de oorlog hielden de Duitsers razzia's in schuren, vaak met behulp van honden, omdat hooibergen populaire plekken waren om iemand te verbergen. Als ze geallieerde vliegers of Joden vonden, hadden de eigenaren van de schuur een grote kans om ter plekke neer te worden geschoten! Onze boerderij is nooit overvallen, maar we hoorden van deze razzia's. Ik hoorde op een dag, terwijl ik langs het het broek liep achter bij onze buurman Jielis van Driel, een stem vanuit het broek tussen het riet en lisdodde. "Jongen! Zijn de Duitsers al weg?" Ik antwoordde met ja aangezien ik een paar vrachtwagens had zien rijden over de Zandweg. De Duitsers waren op zoek naar mannen die ze naar de fabrieken in Duitsland konden sturen om te werken – niet een populaire plek om te werken aangezien ze het doelwit van de geallieerde bommenwerpers waren! Mannen zoals mijn vader, die het nodige voedsel en de nodige diensten aan het Rijk verstrekten, hadden vrijstelling. Maar veel jongemannen verborgen zich op de boerderijen, nadat ze waren weggelopen uit de steden om te voorkomen dat ze werden weggevoerd om te werken.

Kaart van het Kasteel van Neerijnen, circa 1950.

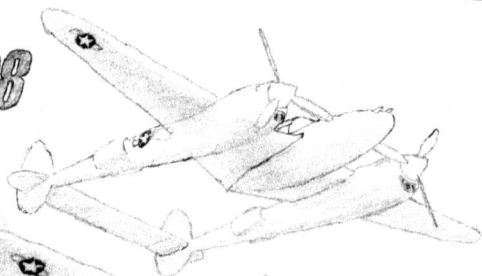

Dit zijn de vliegtuigen die ik goed kende.
Allied aircraft over Holland, WWII. Sketch by Darrijl Bijle (© 2014).
Used by permission.

1945

Nieuwjaarsdag 1945 was de grootste gebeurtenis van de oorlog voor onze familie. Het begon als een normale dag. Heit was de boomgaard aan het snoeien en had een paar bomen geënt. Piet en Gellie hadden ongeveer zeventien vrienden verzameld voor een schaatsfeestje. Mem was naar Waardenburg. Geertje lag boven te slapen. Ik speelde met mijn vriend Jan van Vliet voor zijn huis, dat aan de andere kant van de spoorweg lag. We hoorden vliegtuigen aankomen, en het Duitse luchtafweergeschut begon als een gek te schieten. Jan en ik doken in de sloot waar ijs in lag. De gevechten duurden niet lang. Het was maar een kleine formatie van Engelse bommenwerpers. Ik kan me geen gevechtsvliegtuigen of duikbommenwerpers herinneren. Maar toen het voorbij was, stond ik op en keek naar ons huis – de punt van ons dak was weg! Ik rende via de Zandweg onder het spoorwegviaduct door, dat overigens volgeladen was met explosieven. Zodra ik voorbij het huis van Hannes Blom was gelopen, kon ik het rokende puin zien dat ons huis was geweest. Een heleboel mensen waren in en rond het smeulende puin bezig. Ik rende naar de ruïne en een vrouw schreeuwde toen ze me zag: "Daar is Auké!" Ze waren op zoek naar mij, omdat ze niet wisten waar ik was. Ik rende naar mijn mama en papa. Mem sloeg haar armen om me heen. Heit stond in de buurt; hij was helemaal versuft, nat en bloederig.

Heit was het huis binnengerend, toen hij de vliegtuigen zag aankomen, en redde zo Geertje uit haar bedje boven. Gellie was ook naar het huis gerend en had angstig bij de deur gewacht op Heit en Geertje, waarna ze naar het bos waren gerend richting de schuilkelder. Ze waren nog niet ver van het huis vandaan toen er drie bommen vielen - een bij de voordeur, een aan de zijkant van het huis, en een in de vijver waar het schaatsfeest was. De ontploffing wierp Gellie en Heit, met Geertje in zijn armen, op de grond, waar ijzige modder en water lagen. Een groot stuk ijs raakte Heit in zijn ribben. Ze waren toch in staat om op te staan en ze renden naar het bos achter het huis, waar Piet en zijn vijftien vrienden lagen. Toen de gevechten afgelopen waren, gingen Heit en de anderen terug naar het huis, dat een smeulende puinhoop was. Hoe Mem zo snel thuis was gekomen is voor mij een raadsel. Ik was meteen naar huis gegaan van veel dichterbij dan waar Mem was in Waardenburg. Nu ik als volwassene nadenk over de verschillende scenario's waarom Mem eerder thuis was dan ik, is het enige dat ik kan bedenken dat ze op haar fiets moet hebben gezeten tijdens de bombardementen!

Later die dag, toen we de rotzooi aan het sorteren waren, kwam een Duitse officier aanbieden om er 's nachts een bewaker neer te zetten, aangezien we de plek moesten verlaten voor de avondklok van acht uur. Heit sprak zijn waardering uit, maar sloeg het aanbod af. Hij dacht niet dat iemand iets zou stelen, want er was niets van waarde om te stelen. Onze burgemeester, Van Wyck, kwam later om ons naar een keurig, bakstenen huis in de buurt te brengen. Hij vertelde de eigenaren, de heer en mevrouw H. van Driel (neef van de eerder vermelde Jielis van Driel), dat zij ons in huis moesten nemen. Ze waren niet al te enthousiast dat ze hun huis met zo'n groot gezin moesten delen. Dit was begrijpelijk; ze waren van middelbare leeftijd en hadden zelf geen kinderen. Maar zo ging dat tijdens de oorlog: willekeurig. Mevrouw van Driel haalde al het meubilair uit de voorkamer en gaf deze aan ons om een huisje van te maken. Mem vroeg onze vrienden en buren om potten, pannen, servies en meubilair. Wij kinderen hielpen Mem deze spullen naar het huis van Van Driel te dragen. De zolder diende als ons slaapvertrek – een lange, lage kamer, maar het was tenminste binnen. We zouden er slechts viereneenhalve maand blijven, maar het leek een eeuwigheid.

Op de een of andere manier bleef tijdens de bombardementen op ons huis onze schuur voor de koeien en kalveren intact. Heit liet de kalveren daarom ook maar daar. Op een dag, ongeveer een week na het bombardement, ging Heit de kalveren voeren, hij trof alleen hun overblijfselen - de ingewanden en kalfshoofden aan. Iemand moet ze 's nachts na de avondklok hebben afgeslacht. Heit dacht te weten wie het had gedaan, maar kon het niet bewijzen. De schuur werd de thuisbasis van mijn hondje, terwijl wij bij de familie Van Driel woonden. Hij bleef gehoorzaam en zonder problemen op onze plek. Ik ging er vaak heen om met hem te spelen.

Kort nadat we bij de familie Van Driel introkken, schreef Mem een dankbetuiging in De Zaltbommelshe Courant (in 2009 door de dochter van mijn vriend Willem van den Dungen, Gijsje van der Heijden, uit de online archieven gehaald en naar mij gestuurd) als volgt:

"Langs dezen weg betuigen wij onzen hartelijken dank aan allen die ons hun medeleven hebben betoond na de ramp, ons 1 januari jl. getroffen. In 't bijzonder fam J.H. van Driel, die ons zoo liefderijk in hun huis hebben opgenomen. - Familie S. Bijl, Waardenburg. Jan 1945."

Ik kan me voorstellen dat het moeilijk was voor Mem om vier kinderen te hebben in een huis waar we ons zo onwelkom voelden. Ik vond mevrouw van Driel op een krab lijken. Ze had al haar meubels verwijderd, zodat we het niet konden

Kopie van Mems brief in de Zaltbommelsche Courant (in 2009 uit de online archieven gehaald door Gijsje v.d. Heijden.)

beschadigen. Ze noemde me een "stoomketel," omdat ik altijd met een stok in mijn handen liep en autogeluiden nadeed - motor, auto, vrachtwagen en dergelijke. Ik mocht niet in het huis komen, tenzij mijn moeder erbij was. Ze vertelde me dat ik niet in haar tuin mocht rennen. Dat vond ik echt nergens op slaan! Godzijdank was hun huis dichtbij die van de familie Blom, onze vrienden, dus kon ik daar spelen. Ik kreeg een hekel aan de familie Van Driel, en ze werden een doelwit voor mij.

Toen iedereen een keer weg was behalve Pieter en ik, besloten we om de abrikozen aan de zuidkant van het huis te proeven. Dat mochten we natuurlijk niet, net als zoveel andere dingen. De volgende dag aan tafel sprak mevrouw Van Driel iedereen aan – er ontbraken vijf abrikozen aan haar kostbare abrikozenboom. Nou, ere wie ere toekomt, ze kon tellen! Pieter had er drie gegeten en ik twee en we hadden de pitten begraven zonder er rekening mee te houden dat ze alle abrikozen zou tellen! Pieter schoot ons te hulp. Hij zei dat de geit zich los had gemaakt en dat hij hem gevangen had en weer vast had gemaakt. Hij zei dat de geit het gedaan moest hebben. 1-0 voor Pieter!

Mevrouw Van Driels favoriete huisdier was een grote, zwart-witte kater. Pieter en zijn vriend Wim Blom besloten dat ze hem gingen castreren. Ik werd aangewezen om de kat te vangen. Ik vond dat klusje perfect, alles om mevrouw Van Driel te pesten. Ik moet zeggen dat ik de kat leuk vond, maar mijn afkeer voor mevrouw Van Driel woog zwaarder dan mijn genegenheid voor de kat. Toen de kust veilig was, pakte ik de kat en bracht hem achter de schuur naar Pieter en Wim. Wim stopte de kat in een melkkan, zijn hoofd als eerste, en hield hem vast bij de achterpoten. Pieter deed het vuile werk, want hij had hier veel ervaring in bij de boerderijdieren. Het was in een handomdraai gedaan. De kat werd vrijgelaten. Hij vertrok onmiddellijk naar het veld en bleef een paar dagen weg. Hij zat alleen maar in het veld naar het huis te staren. Mevrouw Van Driel goot melk op een schoteltje en riep de kat vanuit de deur, maar het mocht niet baten! De kat moest er niets van hebben! Ik wachtte met belangstelling af of we er nog iets van zouden horen. Overleven in oorlogstijd had me geleerd dat ik mijn mond moest houden. Tot mijn verbazing werden we nooit aangesproken over de ex-kater.

Pieter vond op een dag een Duits uniform bij de familie Van Driel. We vermoedden dat de bijbehorende soldaat burgerkleding heeft aangetrokken en weg is gegaan. Pieter vond een diamanten ring in een van de zakken. Hij bracht uniform en inhoud naar Mem, die het aan mevrouw Van Driel liet zien. Mevrouw Van Driel eiste alles onmiddellijk op met de uitspraak: "Het werd op ons terrein gevonden, dus het is van ons." Daar hadden wij kinderen ook een hekel aan. Niemand ging in discussie met 'de krabappel', zoals ik haar noemde.

De oorlog werd heftiger en de geallieerden naderden. Onze brug over de Waal naar Zaltbommel kwam binnen artilleriebereik. Men kon vaak een knal in de verte horen, gevolgd door een gefluit en een andere, grotere knal! Soms werden de koeien in de weilanden geraakt. Wij profiteerden ervan omdat het vlees betekende! Melkveehouders waren normaal terughoudend met het slachten van productieve melkkoeien. De geallieerde artillerie, die nu ongeveer vijftien kilometer ten oosten van Waardenburg langs de Waal gestationeerd waren, hielden af en toe lange pauzes tussen de beschietingen, zodat het civiele verkeer de brug kon gebruiken. Op de een of andere manier had de Duitse artillerie de brug in haar bezit genomen. Als geallieerde vliegtuigen overkwamen, werden ze uit de lucht geblazen. Ik keek hoe geallieerde gevechtsvliegtuigen de Duitse luchtafweer probeerden te beschieten, of hoe duikbommenwerpers probeerden aan te komen sluipen – het lukte ze nooit.

Hitlers groeiende wanhoop was te zien in het feit dat hij de V1- en V2-raketten gericht op Engeland afvuurde. We waren het bangst voor de V1, omdat ze laag vlogen en vaak niet goed werkten. Er zou er maar eentje neerkomen en ontploffen. Als je eentje hoorde sputteren en knallen, dan wist je dat hij naar beneden kwam. Dan was het hopen dat hij niet in je buurt of je gebouwen neerkwam! We hoorden op een ochtend een V1 sputteren toen we nog in bed lagen op zolder in het huis van de familie Van Driel. We beleefden een aantal spannende momenten in de wetenschap dat een raket in de buurt op weg was naar beneden! Toen was er een grote flits en een explosie, waardoor de pannen aan de noordkant van het dak eraf werden geblazen! Hij was in het bos achter ons gebombardeerde huis beland. De familie Van Mourik had daar onlangs een keet neergezet, met toestemming van Heit, omdat de Duitsers hen uit hun huis hadden geschopt. Ik herinnerde me hoe onvermurwbaar de man was geweest: niemand zou hem uit zijn keet gaan schoppen. Hij was van mening dat hij, zijn vrouw en twee kinderen daar voor de duur van de oorlog zouden zitten. Nu was zijn keet opgeblazen! Tijdens de explosie was de vrouw des huizes ernstig verbrand. Zij overleefde het, maar ik kan me voorstellen dat het een pijnlijk herstel was, aangezien de dokter geen medicijnen of pijnstillers had om aan haar te geven.

De V2-raketten vlogen veel hoger. Je kon ze zien opstijgen, de vlucht naar de hemel nemend. Ze kwamen nooit bij ons naar beneden. We kwamen erachter dat de Engelsen ze onderschepten met gevechtsvliegtuigen en ze soms met succes neerschoten. De ondergrondse bezat radio's, die natuurlijk verboden waren, tenzij je lid was van de NSB. Nieuws werd dus van mond tot mond doorgegeven. Je moest heel voorzichtig met wat je tegen iemand vertelde!

Onze slaap werd ook een andere keer om half drie 's nachts ruw verstoord omdat iemand tegen de achterdeur aan het schopte en schreeuwde. De heer Van Driel opende het luik naar de zolder en zei: "Sybé, jij doet de deur open!" Daar werd ik echt boos om, dat Van Driel als eigenaar mijn vader naar zijn deur stuurde om hem te openen! Heit deed de deur open. Buiten stonden vier gewapende Duitse soldaten met hun wapens op Heit gericht. Onder schot "wierven" de soldaten Heit om met paard en wagen voorraden te vervoeren. Hij moest eten brengen naar de gevechtslinie en dan de gewonden naar de hulppost en het ziekenhuis brengen. Zij verzochten hem om aan te kleden en mee te komen.

Ik bewonderde de rustige kracht die Mem bezat toen ze het

gezin alleen runde bij de familie Van Driel. Bij elke maaltijd las ze een hoofdstuk uit de Bijbel voor en bad ze hardop om God te vragen Heit te beschermen en hem veilig thuis te brengen. De Heer was zeer echt voor Mem en ze moedigde ons aan om met God te praten. Met alle moeilijke dingen in haar leven, zelfs toen gevaar dreigde, kon ze nog naar haar kinderen lachen. Wij namen haar geloof over. Ik respecteerde Mem en kan me niet herinneren dat ik het haar opzettelijk moeilijk heb gemaakt. Ik kan niet hetzelfde zeggen voor de heer en mevrouw Van Driel!

Vele jaren later, toen we in Michigan op de Markadia Farm woonden, vertelde Heit mij een deel van wat er met hem gebeurd was in die tijd dat hij weg was. Op de verzamelplaats, waar de wagens werden volgeladen, zag Heit dat rijen nieuwe rekruten werden opgefokt om "het tij te keren voor de Führer en het Vaderland te redden!" Een paar dagen later zou Heit een aantal van diezelfde soldaten terugzien op zijn wagen met afgeblazen ledematen. Heit kon zich vooral een soldaat herinneren van wie het gezicht gedeeltelijk was weggeblazen door een kogel door zijn kaken. Toen Heit hem en de anderen bij de hulppost afzette, wilde deze soldaat niet naar binnen. Hij was bang dat de geallieerden snel zouden komen en dat zij hen dan allemaal gevangen zouden nemen en de gewonden doodschieten. Een oude sergeant kwam naar de wagen en beval de jonge soldaat naar het ziekenhuis te gaan. Toen het ziekenhuis later door de Canadezen werd overgenomen, hebben ze de Duitse gewonden niet verzameld en doodgeschoten. Ze hielden echter wel de Duitse SS apart om ze nauwlettend in de gaten te houden in het ziekenhuis. Die zouden waarschijnlijk hun eigen soldaten doden als ze er een van verdachten al te vriendelijk tegen de geallieerde artsen en verpleegkundigen te zijn.

Dezelfde avond dat Heit werd gedwongen om naar de gevechtslinie te gaan, werd een andere man uit de buurt, Jan genaamd, ook "geworven". Jan was een vrijgezel die bij zijn moeder woonde. Natuurlijk beschoten de geallieerde vliegtuigen ook de aanvoerwegen naar de gevechtslinie. Dat betekende dat Heit, Jan en de andere paard-en-wagentransporten vaak werden aangevallen! Nadat ze een paar dagen naar de gevechtslinie waren geweest en beschoten werden door geallieerde gevechtsvliegtuigen, besloot Jan dat hij geen interesse had in een vroege dood. Tijdens het wachten met de wagen op de verzamelplaats, vroeg Jan aan een jongen om zijn paarden vast te houden, zodat hij kon gaan plassen. Jan vluchtte en keerde nooit meer terug. Later vroeg de commandant aan Heit waarom hij niet ook was gevlucht. Heit vertelde de commandant: "Je beloofde me dat ik binnen een week terug kon gaan naar mijn familie. Ik geloofde dat je je aan je woord zou houden." Heit besefte ook dat als hij probeerde te ontsnappen, de Duitsers waarschijnlijk wraak zouden nemen door zijn familie pijn te doen. Jan had geen familie. Gelukkig hield de commandant inderdaad woord, Heit kwam ongedeerd thuis.

In de wintermaanden van 1944-1945 vierde de honger hoogtij in de Nederlandse steden. In maart van '45 hadden de geallieerden een deal gesloten met het Duitse opperbevel om voedseldroppings te houden voor de burgerbevolking. Ik zag grote vliegtuigen uit de Verenigde Staten erg laag aan de hemel vliegen met hun grote bommenruimdeuren open, op weg naar de steden om ladingen voedselvoorraden te laten vallen. Ik heb een keer wat van de crackers uit een van de voedseldroppings gegeten. Ik was niet zo onder de indruk. Ik vond ons brood lekkerder! Maar sommige mensen overleden door de crackers, omdat ze zo veel en zo snel hadden gegeten. Ik zag eens een Duitse soldaat toen ik langs de dijk liep bij de school van Waardenburg. De soldaat was met zijn geweer aan het schieten op een van de laagvliegende vliegtuigen. Een officier benaderde hem en beval hem te stoppen. De soldaat werd erg boos. Dit maakte me erg bang, omdat ik vreesde dat hij zijn frustratie op mij zou botvieren – het dichtstbijzijnde beschikbare, levende doelwit.

Iets ongewoons en interessants dat ik vaak zag, was een Duitse vrachtwagen met een gasgenerator. Op een dag stopte zo'n vrachtwagen op de weg waar Hans Blom en ik aan het spelen waren. We gingen ernaartoe en keken toe hoe twee

*Hans en ik rende naar de gestopte houtgastruck. Zodra we dichterbij kwamen zagen
we dat de truck werd bemand door gewone Duitse soldaten en niet door SS-ers.
We keken toe hoe ze de brander opstookten totdat deze klaar was om de truck te
starten. Ze waren erg spraakzaam en in een goed humeur!
Tekening: Kaijla Bijle (2014)*

soldaten ermee aan de slag gingen. De soldaten stopten blokken hout in de bovenkant van de brander. De brander leek op een watertank met een diameter van ongeveer vijftig centimeter en een hoogte van ongeveer twee meter. De tank van de brander had verschillende luiken aan de onderkant en één groot luik aan de bovenkant met een paar uitstekende pijpen. De soldaten deden er wel vijftien minuten of langer over om de brander op te stoken. Toen ze de brander eenmaal klaar hadden, hadden ze nog steeds moeite om de motor te starten. Ik kon er maar niet achter komen waarom ze dat systeem liever wilden dan benzine of diesel, maar het fascineerde me.

Later ben ik erachter gekomen dat de motoren die werden aangedreven door gasgenerators die op hetzelfde principe werkten als een 'backdraft' vuur. Er werd een vuur gemaakt in de oven, deze werd dan gesloten om de brander te vullen met brandbare gassen, waar de motor vervolgens op liep. De brander had tien tot twintig minuten nodig om op te warmen en genoeg gassen op te bouwen. Er waren veel vaardigheden nodig om de motor te kunnen bedienen en onderhouden. Een bestuurder bediende de apparatuur die de luchtstroom, de temperatuur in de oven enzovoorts reguleerde. Onderhoud hield in water uit sifons laten lopen, filtermateriaal schoonmaken of vervangen, frequente aanpassingen aan de carburateur enzovoort. As moest worden afgevoerd, wat brandgevaar opleverde. Voor een optimale werking was droog hardhout nodig van een kleine, gelijkvormige vorm en grootte (slechts 2,5 à 5 vierkante cm). Houtskool en steenkool konden ook worden gebruikt, maar dit was veel viezer en zwaarder. De voertuigen waren over het algemeen langzamer en zeker gevaarlijker dan die op benzine of diesel liepen. De branders had veel nadelen ten opzichte van motoren op benzine of diesel, maar ze vulden het gebrek aan stookolie op.

1945

De spanningen liepen hoog op in het voorjaar van 1945. We hoorden dat de Duitsers zesenveertig Nederlanders in de Achterhoek hadden gefusilleerd als vergelding voor de moord op vier Duitsers door de ondergrondse. Veel Nederlanders waren hierdoor boos op de ondergrondse. Ze dachten: "Waarom zou de ondergrondse zo lichtvaardig Nederlandse levens riskeren als het einde van de oorlog zo in zicht lijkt?" Een van de Duitse regels voor represaille was het doden van tien Nederlanders voor elke gedode Duitse soldaat. Als de vermoorde Duitser een officier was, zouden nog meer Nederlanders gedood worden. Gijzelaars als vergelding werden meestal opgepakt in de buurt van de plaats delict. Dus, als de ondergrondse een spoorweg saboteerde in de buurt van waar je woonde (we woonden in de buurt van een spoorweg en waren bang voor deze mogelijkheid), was er een goede kans dat je gegijzeld werd. Veel van de ondergrondsen waren jonge mannen van een jaar of 16-18, die zich verborgen hielden om uitzetting als werkgevangene naar Duitsland te voorkomen. Volgens Heit waren ze niet erg gedisciplineerd en deden ze af en toe stomme dingen. Heit vond dat als de ondergrondsen wilden vechten, ze maar een uniform aan moesten trekken en in het openbaar moesten vechten. Een persoon kon vluchten naar Engeland (niet zonder gevaar!) en meedoen met de geallieerden

De oorlog eindigde op 5 mei 1945. Ik ging naar Waardenburg om te kijken hoe de Duitsers inpakten en op de vrachtwagen of de fiets naar het oosten vertrokken. Het was allemaal behoorlijk fascinerend. De Duitsers reisden in groepen, op hun hoede voor de Nederlandse ondergrondse, die nu bovengronds was en die nu blauwe overalls droeg met armbanden met de letters NBS (Nederlandse Binnenlandse Strijdkrachten). Een aantal Nederlandse meisjes die met Duitse soldaten uit waren geweest, stonden bang bij de Duitsers te huilen. Ze mochten hun vriendjes niet volgen naar de kampen voor krijgsgevangenen. Ze wisten dat ze doodgeschoten of opgehangen konden worden voor het uitgaan met de vijand, want de ondergrondse wilde wraak. Alhoewel, in Waardenburg werden ze vrij humaan behandeld: hun haar werd afgeknipt, ze werden samen met leden van de nazipartij gevangen gezet, en ze werden gedwongen om het puin te ruimen van gebombardeerde gebouwen en andere taakstraffen uit te voeren. De ondergrondse dwong de meisjes nogal pikante zelfspotliedjes te zingen over hun relaties met de vijand, terwijl ze over openbare wegen naar hun werkplekken marcheerden. Toen ik die dag rondliep in Waardenburg, zag ik ook een groep Duitse soldaten met hun geweren en mitrailleurs in de aanslag. Ze patrouilleerden in het gebied waar de Duitse vrachtwagens werden geladen. Ik dook achter de bakstenen brandweerkazerne om ze te vermijden. Er waren geen geallieerde soldaten of politiemensen om de orde te handhaven.

Schoolfoto, 1947. Gekleed in een soldatenuniform gemaakt door Gelland.

In het naoorlogse Nederland

Na de oorlog brak een periode aan van chaos zonder politie of burgerlijke overheid. Grote criminelen bleef ondergedoken totdat de rustige beschaving terugkeerde. Mijn vrienden en ik vonden de anarchie spannend. We gingen naar de voormalige Duitse artillerie op zoek naar dingen die we konden redden. Ik vond een bajonet met een hakenkruis erop. Ik verzamelde ook veel dynamiet en lonten om het te ontsteken. We bliezen bloempotten en andere dingen waarvan dachten dat het leuk zou zijn op. We deden ons best om ervoor te zorgen dat onze ouders er niet achter kwamen. Het was een wonder dat ik niet gewond raakte. De grotere, oudere jongens mochten de wapens houden. Ik wilde een Luger-pistool maar kreeg er nooit een.

Dit was een zwarte bladzijde voor mij, ik had een vriend gekregen, Lenike genaamd, die een uitstekende vechter en onruststoker was. Hij woonde in de buurt van de artillerie. Ik ontdekte al snel hoe slecht hij was toen hij mij snoep probeerde te laten stelen uit de winkel van Sannen! Ik vond de familie Sannen toevallig erg aardig. Cris Sannen had ons aardbeienjam en ander proviand gebracht nadat ons huis was gebombardeerd en ik bracht ze twee keer per week zo'n 4 liter melk. Dus ik vertelde Lenike dat ik het niet ging doen. Het is goed om terug te kijken en te zien hoe de Heer heeft geleid, want ik weet niet goed wat ik zou hebben gedaan als Lenike de winkel had gekozen van iemand die ik niet leuk vond.

Onze buren, de familie Blom, hadden ganzen die achter mij aankwamen als ik voorbij hun huis liep. Er was geen omweg waardoor ik de ganzen kon vermijden en ik kon niet sneller rennen dan de ganzen. Daarom ontwikkelde ik een aantal verdedigingsstrategieën. Een zware stok diende als een effectief wapen, omdat de ganzen er niet van hielden om, bij wijze van spreken, een "massage" op hun hoofd en in hun nek te krijgen. Een dunne wilgenstok werkte niet! Later toen de school weer open was, had ik mijn schooltas bij me. De lege melkfles van mijn lunch in de stoffen zak had een impact, zullen we maar zeggen. Ik liep achteruit met mijn lunchzak in de aanslag. De ganzen strekten dreigend hun nek uit en hapten naar mijn benen, waardoor ze een perfect doelwit werden voor mijn lunchtas! Hun beet was nog niet zo erg als de klappen van hun vleugels. De familie Blom was erg begripvol over de situatie en joegen de ganzen weg als ze thuis waren. Ze verontschuldigden zich voor hun dreigende ganzen, en vonden mijn behandeling van hun ganzen niet erg.

Hans Blom was een jaar jonger dan ik. We speelden veel samen. Tijdens een avontuur kampeerden we in het bos achter ons huis. Er lag nu een kleine vijver op de plek waar de V1 was neergestort. We maakten daarnaast een tent van twee stukken doek, één om op te liggen en één hingen we over een stuk touw tussen twee elzen. We hadden een paar dekens om op en onder te slapen. Toen we aan het slapen waren, kwam er een storm aanzetten met donder en bliksem. Hans werd er wakker van, ik niet. Hans rende bang naar huis (ongeveer anderhalve kilometer). 's Ochtends vroeg kwam Mem in paniek naar de tent om te zien wat er met me was gebeurd. Mevrouw Blom was langs geweest en had haar verteld dat Hans en Auké 's nachts bang waren geworden en naar huis waren gelopen. Aangezien ik niet thuis was, was Mem bang dat ik misschien verdwaald was in het bos of in het water gevallen! Maar ik was overal doorheen geslapen. De enige die naar huis was gerend, was Hans!

De familie Blom had een handel in fruit. Thuis hadden ze altijd een doos met tweedeklasse fruit, appels, peren en kersen waren mijn favoriet. De kersen waar de vogels in hadden gepikt, waren altijd heerlijk rijp. Op zaterdagen gingen Hans en ik met de meneer Blom naar de markt in Geldermalsen. We mochten op de wagen van Blom rijden, die rubberen banden had! We voelden ons zeer belangrijk! We mochten van de meneer Blom zelfs het grootste gedeelte van de rit de teugels vasthouden. Het uitstapje zou de hele dag duren, dus de lunch zat erbij in – een broodje, een fles gekookte melk en natuurlijk fruit!

Op een dag kondigde Heit aan dat hij een verlaten Duitse barak had gevonden en toestemming had gekregen om het ding uit

Schets van Auké die aan het vechten is met de ganzen van Blom, door Kaijla Bijle (© 2010).

elkaar te halen. Hij zou de materialen gebruiken om een nieuw huis te bouwen waar het oude had gestaan. Wauw! Ik was in de zevende hemel. Het eerste wat ik deed, was naar mevrouw Van Driel roepen hoe blij ik was dat we uit hun huis gingen! Mem greep me onmiddellijk bij mijn arm en stond erop dat ik mijn excuses aanbood. Ik zei dat het me speet, maar voegde eraan toe dat ik het echt meende toen ik zei dat ik blij was weg te gaan. Mem liet het maar zo. Ik veronderstel dat zij het gelukkigst was dat we naar huis gingen.

Op een prachtige, zonnige dag vergezelde ik Heit naar de verlaten barak. We reden met een Friese wagen getrokken door twee paarden. Ik was verrukt! De barak lag gecamoufleerd in de bossen. De barak stond al een paar weken leeg en een paar zwaluwen hadden een nest gebouwd boven de deur. Heit tilde het nest zorgvuldig op, want er zaten jonkies in, en plaatste het in een nabijgelegen struik. De volwassen zwaluwen vlogen woest rond, maakten duikvluchten op Heit en mij totdat ze terug konden naar hun nest, dat nu in de struik lag. Ik heb altijd bewondering gehad voor hoe goed Heit met alle dieren om kon gaan.

Binnen een week had Heit de barak uit elkaar gehaald. Pieter had geholpen door op onze thuisplek te blijven werken aan de bouw, terwijl Heit en ik heen en weer reden om spullen te halen van de barak. Daarna werkten Heit, Pieter en ik samen om de barak weer op te bouwen. Heit was goed in het herstellen van dingen. Ik was zijn enthousiaste hulp. Mem en Gellie knapten de binnenkant op. Geertje keek vanuit het zelfgemaakte ledikantje toe. Ik kan me het ongelooflijke gevoel van geluk en opluchting over de verhuizing levendig herinneren! Ik kan me niet herinneren ooit terug te zijn gegaan naar de familie Van Driel.

Ik weet nog dat ik heb gekeken naar hoe de Duitse soldaten, onder geallieerde hoede, de munitie opbliezen dat onder andere opgeslagen was in onze school in Waardenburg. In een veld achter ons huis moesten de Duitsers de kisten met munitie in een gat zetten, een ontstekingslijn van het ene gat naar het andere gat leggen, vanuit waar ze de explosieven ontstaken die de kisten opbliezen. Dit proces duurde langer dan een week. Nadat ze klaar waren met dingen opblazen, dwongen de geallieerde bewakers de Duitsers om gearmd heen en weer te rennen over het hele veld om ervoor te zorgen dat er geen mijnen of gevaarlijke afval in het veld achterbleef.

School begon weer zodra het gebouw was schoongemaakt. We gingen vijf halve dagen per week. Een andere school deelde het gebouw met ons, omdat hun gebouw nog niet kon worden gebruikt. Ik vond het moeilijk om weer te leren omdat ik tijdens de oorlog gewend was geraakt aan een lossere structuur: iedere dag spelen, wegrennen van bommen, overleven. Maar ik had nog steeds halve dagen om me in de wereld te wagen. Mijn ouders lieten me al snel naar de christelijke school in Neerijnen gaan.

Op een dag kwam de hond van de bakker achter me aan toen ik voorbij de winkel liep op weg van school in Neerijnen naar huis. In paniek sloeg ik met mijn schooltas op de hond, zoals ik gewend was bij de felle ganzen van de familie Blom, onze buren. Mijn schooltas, met daarin een lege melkfles van mijn lunch, raakte de hond vol op de kop. Door de klap rolde de hond van de dijk af. Ik vond dat de hond kreeg wat hij verdiende, maar ik kon er niet veel langer over nadenken. De bakker zag wat er was gebeurd en rende op me af. Ik rende sneller dan de dikke bakker, dus toen moest hij zijn toevlucht nemen tot het gooien van zijn klomp. De schoen had me ernstig kunnen verwonden of zelfs doden. Maar hij vloog langs me heen en raakte de waterpomp, waardoor de klomp, tot mijn vreugde en zijn ontzetting, verbrijzelde. Ik hoorde hem kleurrijke, Gelderse scheldwoorden schreeuwen. Ik bleef maar rennen. Ik liep de komende maanden niet meer voorbij zijn winkel.

Een van de grootste bezienswaardigheden vond ik de Waal en de Zaltbommelse brug. De brug was beschadigd door de Canadese artillerie, waardoor slechts een rijstrook open was voor verkeer. Dat leidde tot een lange rij auto's en vrachtwagens die stonden te wachten om over te steken. Ik was begonnen met het verzamelen van sigarenbandjes. Ik ging de rij auto's af om mensen die sigaren rookten te vragen om de sigarenbandjes.

Meestal gaven ze me er een. Hoe konden ze zo'n lieve, achtjarige, blonde jongen ook weigeren? Vaak vroeg de sigaar eigenaar er een liedje voor - Geef mij een sigarenbandje ik heb er al zo veel gespaard! Een man met een accordeon liep ook langs de rij om vrolijke liedjes te spelen voor fooien. Ik werd er vrienden mee, wat in mijn voordeel werkte. Soms begeleidde de accordeonist mijn zang. Andere kinderen probeerden mijn sigarenbandjes te pikken, dus ik moest van me afvechten. Waarom gingen ze niet zelf voor de mensen zingen en hun eigen bandjes verzamelen? De bangerikken! In die fase van mijn leven belandde ik vaak in de problemen!

Zo waren er regelmatig gevechten met stadskinderen die waren verhuisd naar het platteland om bij hun familie te wonen na de oorlog. De plattelandsmensen hadden eten. Veel mensen in de steden waren verhongerd. De stadskinderen hadden een stadsdialect, die we bespotten. Zij, op hun beurt, bespotten ons Gelders dialect. Ze noemden ons Gelderse Aarbeien Vreeters. "Vreeters" was een uitdrukking voor dieren, dus dat was reden genoeg om een gevecht te beginnen. Mijn neef Piet uit Hilversum kwam bij ons logeren. Hij was een paar jaar ouder dan ik en had geen zwaar stadsdialect, dus ik kon me gelukkig prijzen met het feit dat hij aan mijn kant vocht.

Gellie zou een stadsvriendin op bezoek krijgen. Als lief en attent broertje vond ik het mijn plicht om Gellies vriendin te helpen bij het boers worden. Ik ging snel aan de slag met het verzamelen van een grote hoeveelheid kikkers in en om onze vijver en moeras. Ik stopte ze allemaal in een emmer en klom door het raam van Gellies slaapkamer. Ik stopte de kikkers onder de lakens en dekens van de bedden. Ik was net naar buiten aan het klimmen toen, tot mijn ontsteltenis, Gellie en haar vriendin de kamer binnenkwamen. Toen ze de kikkers zag, flipte de vriendin en gaf ze een bloedstollende schreeuw! Gellie begon boos de koele, slijmerige kikkers uit het raam te gooien. Mem kwam en begon ook kikkers te vangen. Ik bood edelmoedig aan om de rest te vangen en op te ruimen, in de hoop om mijn dreigende straf te voorkomen of op zijn minst te verminderen.

Maar Gelland weigerde mijn hulp. Ze maakte de hele kamer zelf schoon en verschoonde de bedden zelf. Oudere broer Pieter kwam te hulp – hij had de commotie gehoord en kwam kijken; hij vond de hele gedoe erg grappig en begon te lachen, waardoor de lucht een beetje klaarde.

Gellie redde me uit een ander grapje dat ik uithaalde. Een van de kleine melkveebedrijven uit de buurt was van een teruggetrokken, oudere familie bestaande uit een broer en twee zussen. Ik had toestemming gevraagd om hun boomgaard te gebruiken als binnenweg naar school (had me een kilometer gescheeld), maar Jop, de broer, had me dit geweigerd. Dat irriteerde me, dus plande ik met mijn vrienden een kleine wraakactie. Op een zaterdagochtend gingen twee vrienden en ik naar het huis van de kluizenaar. We hadden bedacht dat ik op de voordeur zou kloppen en mijn vriend Jan van Vliet op de zijdeur. De andere vriend stond op de uitkijk. De oude man moet ons hebben zien komen, want hij sprong op me af vanaf de zijkant van het huis; ik schrok me te pletter. Hij greep me bijna vast, maar ik was te snel weg. Ik verloor zelfs mijn klompen – niet mijn beste moment – en kon de rest van de weg naar huis op sokken lopen. Jop ging me niet achterna, hij pakte alleen mijn klompen. Gellie zag me bang en beschaamd thuiskomen. Ze ging onmiddellijk naar Jop en redde mijn klompen - wat een dappere zus!

Ik herinner me dat ik rubberen laarzen wilde, net als de zoon van de schoenmaker met wie ik naar school ging. Op dat moment waren leren schoenen zeer moeilijk te krijgen, en rubberen laarzen waren zeldzaam, aangezien er veel vraag naar rubber was tijdens de oorlog. Ik vroeg aan mijn ouders of ik een paar mocht kopen met mijn eigen geld. Dat mocht ik, dus ik ging naar de schoenmaker om een paar te bestellen. Hij zei dat hij een paar voor me kon regelen voor 10 gulden bij aflevering. Een aantal weken achter elkaar ging ik elke week naar de schoenmaker om mijn rubberen laarzen te halen. Ik heb ze nooit gekregen. Ik kreeg een enorme hekel aan de schoenmaker, want ik vond dat hij tegen me had gelogen. Ik overwoog om zijn zoon in elkaar te slaan, want die vond ik een watje. Maar ik besloot het niet te doen, omdat ik nog steeds de hoop had dat de laarzen op een dag zouden komen.

Kleding was een schaars goed, dus naaien en breien werd veel gedaan. Mem was altijd aan het breien. Gellie kon ook breien en naaien. Ze maakte een soldatenuniform voor me van de jas van een geallieerde soldaat. Hierop bracht ze een Nederlands legerembleem met leeuwinsigne aan. Wat een zus! Vol trots droeg ik die jas. Mem maakte sokken voor de mensen om ons heen. Een van de families waarvoor ze sokken breidde en stopte was voor de familie Dijkstra - een gezin met zes kinderen dat ongeveer zes kilometer van ons vandaan woonde.

Wanneer Mem de sokken afleverde bij de familie Dijkstra, ongeveer een keer per week, meestal op zaterdag, gingen Geertje en ik mee om te spelen. Ik voelde me niet op mijn gemak in hun huis, maar ik wist niet waarom. We werden vaak uitgenodigd om 's middags te blijven eten, dit was de belangrijkste maaltijd van de dag. Ik vond het niet leuk om daar te eten, want er was altijd een gezeur over het eten tussen de ouders en de kinderen. Meestal wilden een of twee kinderen hun aardappelen en vlees niet eten. Dan zei de heer of mevrouw Dijkstra: "Kijk eens hoe goed Auké eet." Ik vond dat vreselijk. Als de weigeraars hun aardappelen niet op tijd voor het dessert hadden opgegeten, gooide mevrouw Dijkstra het dessert – meestal pap, gemaakt van havermout met gekookte melk, die zo dik was als soep – bovenop het niet-gegeten eten. Jasses! Die persoon moest aan tafel blijven zitten totdat zijn of haar bord leeg was. Vaak werd een klap op het hoofd gebruikt als motivatie.

Ik waardeerde mijn familie en thuis, waar de sfeer rustig en aangenaam was. Mijn ouders deden geen dramatische dingen om ons aan het eten te krijgen tijdens de maaltijden – als we niet lekker vonden wat er werd opgediend, deden we zonder. De enige keer dat ik me herinner niet te hebben gegeten, was toen ik de bof had! Maaltijden waren een aangename tijd met de familie waar we konden praten en vragen stellen. We baden ook en lazen de Bijbel. De familie Dijkstra deed dat ook tijdens de maaltijd, maar het leek niet hetzelfde effect te hebben. Dat hielp me beseffen dat iemands hart en niet religieuze handelingen, het verschil maakte. Het enige voedsel waarvan ik me herinner dat ik het niet lekker vond, was suiker gemaakt van gekookte suikerbieten. Maar omdat zo veel mensen om ons heen hongerig waren, heb ik geleerd om te waarderen wat we hadden.

Een van de meisjes van de familie Dijkstra, Wijke, was van mijn leeftijd; haar zus, Siepe, was een jaar ouder dan ik. Ze probeerden me over te halen om hun gemene buurjongen, Dickie, in elkaar te slaan. Dickie en ik konden goed met elkaar overweg. Ik had hem al twee keer eerder verslagen. Zoals de Tweede Wereldoorlog me leerde: "Er is geen vrede zonder een overwinnaar." Daardoor zat ik in de positie om over vrede te onderhandelen voor de meisjes, in plaats van te vechten. We werden vrienden, en Dickie behandelde de meisjes beter: een win-winsituatie.

We hadden geen drinkwater in de barak, dus maakte Gellie gebruik van mijn geit en kar om melkbussen vol water te vervoeren. Dat vond ik vervelend voor mijn geit en ik was blij toen een van de wielen kapot ging, zodat de kar niet meer gebruikt kon worden. Ik verruilde mijn geit, dankzij Heits onderhandelingen, voor drie lammetjes. Ik moest ze melk geven met de fles totdat ze hadden geleerd om hooi, gras en veevoer te eten. Ze groeiden goed. We zetten ze uiteindelijk bij de koeien in het weiland. Op een dag gingen Heit en ik naar de weide om naar de lammetjes te kijken. We zagen onze hond, een grote Rottweilermix, mijn schapen aanvallen! Eén lam was er slecht aan toe. Heit sneed snel haar keel door om haar uit haar lijden te verlossen. Hierdoor kon ook het bloed weglopen - we gingen het lam gebruiken voor vlees. Ik kon niet meer toekijken. Ik realiseerde me ook dat we de hond moesten afmaken. Een hond die schapen had gedood, ging waarschijnlijk opnieuw aanvallen. Het is een ongeschreven wet van de boeren dat een eigenaar zijn dier moet afmaken in zo'n geval, of dat een buurman het recht had om het te doen. Heit en ik verdronken de hond in de nabijgelegen sloot. Die ervaring ontmoedigde me. Ik maakte me zorgen dat zoiets weer kon gebeuren. Ik vroeg Heit om de andere twee lammeren te verkopen.

Heit kreeg werk bij de bouw van een nieuwe politieschool op de locatie van een voormalige kazerne, die nu diende als een gevangenis voor oorlogsmisdadigers. Het bouwterrein lag net buiten Neerijnen, waar mijn school lag, dus ik kon bij hem achter op de fiets naar zijn werk en dan lopend de rest van de weg naar school afleggen. Een van de mensen die ik daar een keer per week ontmoette, was een NSB'er, die een jaar in de gevangenis zat voor het plegen van landverraad. Hij kreeg dan een dagkaart om naar huis te lopen en zijn vrouw en kinderen te zien. Ik herinnerde me dat hij tijdens de oorlog zo arrogant rondliep met zijn uniform en laarzen. Zijn gedrag was nu wel veranderd. Iedere keer als we elkaar zagen, vroeg hij hoe het met me ging. Ik was verbaasd over het verschil.

Heit vertrok 's ochtends om half zeven en kwam om ongeveer zeven uur aan, een vol uur voordat de andere arbeiders kwamen. Hij moest water pompen uit het gat wat de vorige dag was gegraven voor de betonnen fundering. Dit liep 's nachts vol met water – een typisch probleem in Nederland dat voor een groot gedeelte onder de zeespiegel ligt. Deze baan duurde ongeveer vijf of zes weken. Ik kwam tussen zeven uur en kwart over zeven op school, tot veel ergernis van de hoofdonderwijzer. Als de andere jongens er waren, gingen we voetballen. Aangezien we geen voetbalveld hadden, speelden we bij de school. Het huis van de hoofdonderwijzer lag ook naast de school en de bal kwam onvermijdelijk in zijn bloemen terecht. Als dat gebeurde, lieten we het kleinste kind aan de bel van het huis trekken om te vragen of hij alstublieft de bal mocht hebben. Na een paar voorvallen kregen we te horen dat we niet naar school mochten komen voor acht uur. Dus speelden we bij de kerk, midden op de weg.

In 1946 werden de dingen weer normaal. Je had weer de vrijheid om te gaan en staan zonder vergunning. Men ging weer naar de markt in Geldermalsen, zes kilometer van ons huis vandaan. Ik had 10 gulden gespaard van mijn verschillende klussen – aardbeien oogsten, wilgentakken schillen, enzovoorts – en wilde een cadeau kopen voor Mem. Op een zonnige dag liep ik zelf naar de markt. Ik was teleurgesteld toen ik niets leuks vond op de markt. Ik ging naar een winkel aan de overkant en bekeek wat dingen. Het had artistieke dingen, veel schilderijen enz. Toen zag ik iets dat precies goed was – een vaas. Het had mooie boterbloemen op een crèmekleurige achtergrond. Ik maakte me zorgen dat het meer dan 10 gulden zou kosten, maar gelukkig, het bleek slechts 8,66 gulden te kosten! Het volgende probleem was hoe ik de vaas thuis zou krijgen. Ik was bang dat ik de vaas onderweg zou breken omdat ik geen boodschappentas bij me had. Mem en alle dames namen altijd draagtassen mee als ze gingen winkelen. Maar ik was heel voorzichtig, en de vaas en ik kwamen ongeschonden thuis. Het was een enorme verrassing voor Mem! Ze zette het op een plek waar iedereen het kon zien. De vaas overleefde zelfs onze verhuizing naar de VS en alle jaren tussen toen en nu. Ik kijk nog steeds graag naar de mooie vaas en geniet van de aangename herinneringen aan Mem en het leven in Nederland die het oproept. "Haar kinderen staan op en noemen haar gezegend," zegt Spreuken 31:28 over de deugdzame vrouw.

Het beleid van de Wederopbouw van de Nederlandse overheid was gestart. In de zomer van 1946 kwamen vijf of zes werklieden uit Leerdam, variërend in de leeftijd van 18 tot 45 jaar, naar onze boerderij in een GMC legertruck. Ik werd

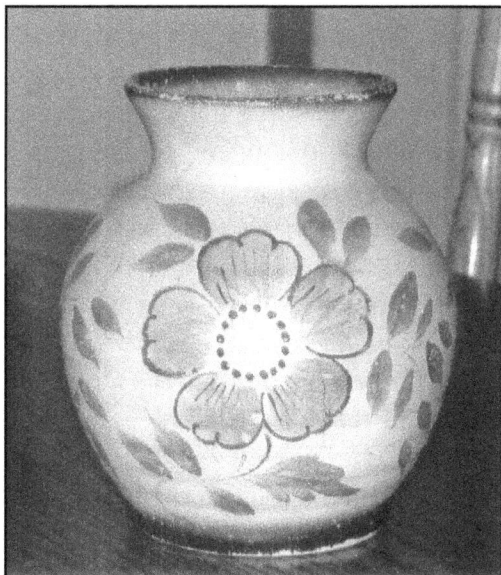

Vaas die ik in 1946 voor Mem heb gekocht. Moderne foto door Sy Byle.

vrienden met de arbeiders – een had een jongere broer van mijn leeftijd. Ze hielpen ons met het herbouwen van ons verwoeste huis. Eerst zochten ze de stenen in het puin en maakten ze deze schoon. Ik hielp ze door het cement van de intacte stenen te schrapen en borstelen. Soms ging het cement er gemakkelijk van af; soms, zoals bij de hoekstenen, ging het moeilijker. Het verbaasde me hoeveel van de oude bakstenen nog steeds bruikbaar waren, want op het eerste gezicht leek het alsof de hoop afgevoerd had moeten worden. Maar toen we klaar waren, was ruim 90% van de stenen weer bruikbaar. Ik mocht ook een paar keer mee op en neer naar Leerdam, voor op de vrachtwagen bij de bestuurder, terwijl de arbeiders achterin zaten. Ik herinner me dat ik van de geur - een mengsel van diesel, motorolie en leer - en het geluid van de vrachtwagen hield.

Daarna gebruikten de arbeiders de bakstenen en begon de bouw. Ik vond de herbouw van ons huis spannend. Ik keek en hielp zo veel als ik mocht. Ik keek hoe ze het cement met de hand mengden in een houten bak. Vervolgens schepten ze het in twee emmers voor de metselaars. Ik was ook geïnteresseerd in de manier waarop ze een nieuw rieten dak legden. Het was leuk hoe ze koord door het riet weefden om het riet klaar te maken. Terwijl ze weefden, sloegen ze om de 8 centimeter met een houten, peddelachtig gereedschap op de basis van elke laag om het riet gelijk te houden. Het werk ging snel. Al snel verhuisden we van de barak naar ons nette, nieuwe huis, die ik mee had helpen bouwen! Wanneer ik cement ruik, doet het me denken aan dat herbouwde huis aan de Parallelweg.

Ik herinner me Gerrits geboortedag op 22 November 1946. Gellie nam Geertje en mij mee naar het huis van familie Blom. We zagen een motorfiets op weg naar ons huis. Ik zag hoe de chauffeur de motor parkeerde door tegen het huis te leunen, en naar binnen ging. Ik kreeg te horen dat hij de dokter was, en dat we snel een broertje of zusje zouden hebben. Toen de dokter wegging, nam Gellie ons mee naar huis. Heit was er en nam ons mee naar de slaapkamer met Mem. Daar lag Gerrit, gewiegd in Mems linkerarm. Ik kreeg een gevoel van compleet geluk –

geen oorlog meer, we hadden ons huis terug, we waren allemaal veilig en gezond, het land werd weer normaal, en nu hadden we een gezond, nieuw broertje! Mijn wereld voelde compleet en hoopvol.

We lieten een familiefoto maken. Ik droeg trots het soldatenuniform dat Gellie voor me had genaaid. Vijfjarige Geertje schreeuwde en huilde: "Ik wil niet!" Ze liep naar het bos, toen ze de fotograaf de camera op zag zetten. Misschien dacht ze dat het op een mitrailleur leek. Ze leek er zeker van te zijn dat het op de een of andere manier pijn zou doen. Pieter en ik boden aan om haar te gaan halen. Maar Mem zei: "Nee, Gelland gaat wel." Gellie rende achter Geertje aan, kalmeerde haar en bracht haar terug. Zoals blijkt uit de foto, was ze er nog steeds niet blij mee.

Ons huis in Waardenburg, in 1947 herbouwd met
stenen van het oorspronkelijke huis.

De familie Byle, 1948. Van links naar rechts: Sybé, Gelland, Auké, Geertje, Baukje met Gerrit, Pieter.

De Amerikaanse droom

De dag in september 1948 dat George W. Welsh bij ons op bezoek kwam, was spannend en onvergetelijk. Meneer Welsh was een rijke zakenman uit de Verenigde Staten. Ons hele gezin bleef thuis om te helpen bij zijn ontvangst. Geen school voor mij die dag! Zijn donkerblauwe, vierdeurs Chevrolet uit 1947 kwam aanrijden en stopte voor ons huis. Een man, meneer Welsh, zat achterin, terwijl de chauffeur en een andere man, de tolk, aan de voorkant zaten. Hij was gekomen om met mijn vader en ons gezin te praten over emigratie naar de Verenigde Staten.

Al geruime tijd wilde Heit zijn eigen melkveebedrijf, wat in het naoorlogse Nederland uitgesloten was. Terwijl hij een lokaal raadslid was voor De Partij van de Arbeid (PvdA), had hij aan de Burgemeester hulp gevraagd om te zorgen voor een sponsor naar de Verenigde Staten. Toevallig had de Burgemeester net George W. Welsh ontmoet, voorzitter van de burgemeesters van de VS, bij een vergadering. De heer Welsh was door Europa aan het reizen om te zien hoe Amerika de door oorlog getroffen landen beter zou kunnen helpen. Onze Burgemeester nam contact op met de heer Welsh, die antwoordde dat zijn zakenpartner graag een melkveehouder wilde. Dus werd een ontmoeting geregeld en de dag was nu aangebroken.

De heer Welsh stapte uit de auto en begon onmiddellijk iedereens handen te schudden, ook die van mij. Ik herinner me de Franse manchetknopen aan zijn mouwen, de eerste die ik ooit had gezien. Hij was heel extravert en ik voelde me erg belangrijk doordat deze belangrijke Amerikaan mij de hand schudde. Terwijl we schudden, vertelde Heit George dat ik van machines hield. Ik zei toen dat ik zijn auto erg leuk vond! Toen de tolk vertaalde wat ik had gezegd, gooide George zijn hoofd achterover en lachte. Vervolgens serveerde Mem koffie en koekjes. Ze serveerde de koffie natuurlijk op de Nederlandse manier, wat betekende dat ze al voor het serveren melk en suiker had toegevoegd. We kwamen er later achter, na onze verhuizing naar de VS, dat George zijn koffie zwart dronk.

George liet ons foto's van de Markadia Farm in Rockford, Michigan zien, die we mochten houden. Zijn zakenpartner, een dame genaamd Miss Margaret de Groot, wiens voorouders Fries waren, was eigenaar van de boerderij. Ze wilde ons meteen. George kondigde aan dat hij het papierwerk al klaar had en dat we volgende week konden vertrekken! We kwamen erachter dat mevrouw De Groot een slimme, 'self-made', rijke zakenvrouw was. George stond te popelen om haar een plezier te doen door deze Friese melkveehouder voor haar te regelen. Er gaat niets boven politici in actie!

Heit en Mem waren met stomheid geslagen. Zo snel! De wachttijd voor een sponsor was meestal één tot drie jaar. Na veel discussie werd besloten dat Pieter en Gellie over een week konden vertrekken. Heit stemde toe dat de rest van ons over vier weken zouden volgen. Hij moest het huis en het vee verkopen. We zouden inpakken en afscheid nemen. Ik was zo opgewonden toen ik naar de foto's van de boerderij keek. Ik kon niet wachten om naar die grote boerderij te gaan met haar vrachtwagens, tractoren en andere machines!

[1]Pieter en Gellie vertrokken op 17 september 1948 - precies vier jaar nadat het stuk granaat in onze deur sloeg! De heer Welsh zorgde voor alle reispapieren - visa, vliegtickets, mensen om te ontmoeten en hun connecties te leren kennen, vervoer naar de boerderij, etc. Hij regelde zelfs een stukje publiciteit in de krant van Grand Rapids, de Press, en de Nederlandse krant, Het Vrije Volk, over de twee tieners die uit Nederland kwamen om op de boerderij te werken en de komst van hun familie voor te bereiden. Ondertussen hadden wij veel te doen in een korte tijd. We reisden naar Amsterdam voor onze onderzoeken en prikken. Toen namen we de trein van Geldermalsen naar Friesland om afscheid te nemen van onze familie. Wat was het een geweldig ervaring om met de trein te reizen!

Voor ons vertrek naar Friesland moest ik mijn kleine hond weggeven. Hij had alle bombardementen met me meegemaakt, had me geholpen eendennesten te vinden en volgde me overal

---

[1] *Zie bijlage B: Citaat uit "Jill's Bestand over Byle" voor het vervolg van dit verhaal.*

als mijn trouwe vriend. Hij was zo'n blijde hond en een goede waakhond. Hij bleef thuis en zat niet achter de kippen of het vee aan. Mem wilde hem aan de familie Dijkstra geven omdat ze goede vriendinnen was met mevrouw Dijkstra. Heit vond dat geen goed idee – elke hond van de familie Dijkstra werd vals. Maar we hadden weinig tijd, dus toen we naar hun huis gingen om afscheid te nemen nam ik mijn hond mee. Ik zat achter hun schuur, hield hem dicht bij me met mijn armen om hem heen, zoals ik vroeger deed tijdens de bombardementen. Het was de enige keer tijdens ons afscheid en vertrek naar de VS dat ik huilde. Ik huilde onbedaarlijk. Ik wist dat mijn hond wist dat ik verdrietig was maar hij wist natuurlijk niet waarom! Het was een van de meest hartverscheurende ervaringen die ik ooit heb meegemaakt. Toen het tijd was om te gaan, moest de familie Dijkstra mijn hond vastbinden omdat hij ons wilde volgen. Met pijn in mijn hart moest ik mijn hond achterlaten.

Ik herinner me dat ik me erg gelukkig voelde toen we onze familie in Friesland bezochten. Van mijn Beppe (oma), Heits moeder, mocht ik met haar Duitse herder Pita gaan wandelen. Ik herinner me dat we roggebrood met geraspte kaas aten, een nieuwe ervaring voor ons. Bij mijn andere Beppe, Mem's moeder, vond ik een aantal eendeneieren in het hoge gras bij de sloot voor haar huis. Als er tranen waren of verdriet, dan heb ik dat niet gemerkt. Ik was helemaal in de wolken en vol verwachting van het leven in de Verenigde Staten.

Toen we terug in Waardenburg waren, pakten we de laatste spullen in en namen we afscheid van andere vrienden en buren. De grote dag van ons vertrek kwam al snel. Een zwarte vierdeurs Ford kwam ons ophalen om ons naar Rotterdam te brengen, waar we aan boord gingen van het schip, de 'Nieuw Amsterdam'. Hoewel ik vooral opgewonden was, voelde ik me ook een beetje verdrietig over het vertrek. Ik wist dat ik het land, mijn vrienden en mijn hond zou missen. Ik zat met Heit en de bestuurder voorin.

We hadden slechts een paar kilometer gereden toen Mem zei dat ze moest overgeven. We stopten zodat Mem kon uitstappen om over te geven. Dit herhaalde zich een aantal keer. Tegen de tijd dat we in Rotterdam aankwamen, was Mem erg ziek. We gingen aan boord van de Nieuw Amsterdam. Mem ging naar bed en verliet de hut niet voordat we zeven dagen later in de Verenigde Staten aankwamen. Mijn zus Gellie vertelde me jaren later dat Mem niet zo graag uit Nederland wegging als Heit. Maar Mem ging echt van de Verenigde Staten houden. In feite stond Heit zelfs meer te popelen om Nederland te bezoeken na het overlijden van Mems moeder in 1960 dan Mem.

Aan boord van de Nieuw Amsterdam. Voor mij was de boottocht een groot avontuur. Heit had zijn handen vol aan de vijf-jarige Geertje en een-jarige Gerrit. Dat werkte in mijn voordeel en ik greep elke kans om alleen rond te zwerven. De hele boot was voor mij om op verkenning te gaan!

We reisden toeristenklasse, op de laagste van de drie dekken van het schip. Ons dek stond vol met ligstoelen, sjoelbakken en pingpongtafels. Ik kon naar boven kijken en zag dat de klasse boven ons onder andere tennisbanen had. Ik zag een achterwand en een mand met tennisballen. Ik dacht: "Wauw, hier kom ik tennisballen!" Wat een plezier zou het zijn om die ballen tegen de muur schoppen. Ik liep de trap op en ging door een hek. Ik wist goed dat het tegen de regels was. Ik liep recht naar de tennisballen en begon aan mijn voorgenomen activiteit. Ik schopte de bal tegen de muur en als ik toevallig een terugkaatsing miste, werd de bal gestopt door een stalen scherm van drie meter hoog dat zich uitstrekte vanuit de reling van de ene zijde naar de andere zijde van het schip. Net toen ik lekker in het spel begon te komem, greep een steward met een witte jas me bij mijn linkerschouder en "begeleidde" me de trap af. We vonden Heit en de steward vertelde hem dat zijn zoon een gebrek aan manieren had. Zodra de steward vertrokken was, waren Heit en ik het er over eens dat het fatsoen van de steward richting ons uit de 'toeristenklasse' verre van indrukwekkend was. Gelukkig had Heit net een jonge onderwijzeres uit Amsterdam ontmoet, Koby Westers, die op weg naar Chicago was om familie te bezoeken. Ze bood aan om me onder haar hoede te nemen. Wat was zij een leuke, actieve dame!

Koby en ik sjoelden samen. Ze leerde me ping-pong spelen. Ze deed zelfs de handstand! Ze had ook een heleboel kleine balletjes waarmee ze jongleerde. Natuurlijk moedigde ze mij ook aan om ook te jongleren. Ik ben nooit verder gekomen dan jongleren met twee ballen tegelijk. Koby was mijn type mens – vriendelijk, energiek, gelukkig, speels, een geweldig persoon!

Op de vierde dag kwam de Nieuw Amsterdam in een storm terecht. Ik vond het fascinerend om te zien hoe de boot van de top van een hemelhoge golf naar beneden kelderde en hoe je dan alleen een muur van water kon zien. Overal werden mensen ziek en kotsten ze over de reling. Een predikant, die we hadden ontmoet, gaf een goed optreden. Hij verloor zijn hoed in de wind toen hij naar de reling liep en verloor toen zijn kunstgebit samen met wat het ontbijt moet zijn geweest aan de zijkant van de boot. Aangezien Koby en ik niet ziek waren vond ik de situatie nogal komisch. Het dek was bijna leeg, dus de sjoelbak en de pingpongtafels waren beschikbaar voor ons om op te spelen. We kozen voor de sjoelbak want pingpongen in de storm was zinloos.

Na het spelen besloten Koby en ik om te gaan lunchen. Voor de verandering namen we de lift in plaats van de trap. We waren niet alleen in de lift. Ik herinner me namelijk dat een andere dame voor mijn neus overgaf toen we naar beneden gingen. Mijn schoenen en sokken zaten onder het braaksel. Nou, dat werkte – de lift kon niet snel genoeg stoppen! Zodra de deuren open gingen, rende ik terug naar boven, naar het dek, naar de reling en liet ik alles gaan! Dat is overigens de laatste keer in mijn leven dat ik moest overgeven. Daarna probeerde Koby me naar beneden te krijgen om op zijn minst wat melk en een broodje te nuttigen. Echt niet! Ik weigerde om naar de eetzaal te gaan. Dus ging lieve Koby naar beneden om voor ons beiden een lunch te halen. Ze bracht het eten naar het dek – een broodje en fruit voor mij. We zaten op ligstoelen en genoten van onze lunch, midden in de wind en de onstuimige natuur.

Die avond gingen Koby en ik naar de eetzaal voor het avondeten, via de trap natuurlijk! De storm was nog in volle gang. Het personeel had de zijkanten van de tafels omhoog geschroefd, zodat de borden er niet af zouden vliegen. We aten met Heit, die Geertje en Gerrit bij zich had. Hij had wat eten mee naar de hut genomen voor Mem, maar ze kon niets binnenhouden.

Op dag zeven kwam er land in zicht. Koby en ik stonden aan de reling te kijken hoe het Vrijheidsbeeld steeds groter werd naarmate we dichterbij kwamen. Het was een mooie dag, zonnig en helder, dus we konden haar duidelijk zien. Naarmate we dichter bij Hoboken, New Jersey kwamen, begon ik verdrietig te worden, omdat ik besefte dat Koby ons binnenkort zou verlaten. Toen hoorde ik Heit en Mem Koby uitnodigen om ons op te komen zoeken op Markadia Farm! Mem was uit de hut gekomen, ze zag er nog steeds ziek uit.

Koby hielp Mem de loopplank af. Zodra we de loopplank af waren en aan wal kwamen, stortte Mem in. We kropen om haar heen, terwijl mensen ons voorbij haastten. Aan het einde van de loopplank werden kramen opgezet voor de verwerking van de immigratiepapieren. Op de een of andere manier slaagde Heit erin om het papierwerk af te handelen in alle commotie. Een dame van Traveler's Aid kwam te hulp. Mem werd op een brancard geladen en afgevoerd naar het ziekenhuis. Mem vertelde later dat een van haar verpleegkundigen een zwarte dame was, dat was een nieuwe ervaring voor haar! Ondertussen nam de dame van Traveler's Aid ons mee op avontuur in de stad. Ze zette ons in een hotel, iets dat we nog nooit hadden meegemaakt. Het eerste wat ik deed was naar de badkamer gaan om mijn gezicht te wassen. Ik hield een washandje onder een kraan, draaide de kraan open en kreeg een explosie van koud water op mijn hoofd. Dat was mijn eerste kennismaking met een douche! Ik rende daar weg en schreeuwde dat Heit het water moest afzetten.

Vervolgens nam de dame van Traveler's Aid me uit winkelen aangezien ik redelijk met haar kon communiceren in het Duits. Heit bleef in het hotel met Geertje en Gerrit. Ik was overweldigd door alles wat er te koop was in de supermarkt! Ze vroeg me wat we lekker vonden om te eten. Ik weet niet hoe goed ik heb geholpen, maar het was leuk. Al wandelend kwamen we aan de overkant van het Empire State Building. De dame vertelde me dat dit het hoogste gebouw ter wereld was. Ze kocht ook een ijsje en koekjes voor me.

Toen Mem uit het ziekenhuis werd ontslagen, stapten we op de trein naar Grand Rapids, Michigan. Weer was ik enthousiast over de treinrit. Ik kon niet wachten om de Markadia Farm te zien. Ik genoot van nieuwe beelden en geluiden – glooiende heuvels veranderde in uitgestrekt platteland, passagiers spraken Engels. Bovendien kon ik rondlopen zonder ziek te worden. De rit leek maar kort te duren, ik zat wat uit het raam te kijken. Omdat we overnachtten in de trein sliepen we in een slaaprijtuig. In de ochtend werd het ontbijt bij ons in het rijtuig gebracht. We kwamen voor de middag aan in Grand Rapids.

Toen we op het station in Grand Rapids aankwamen kon ik Piet en Gellie zien op het perron met een rolstoel voor Mem. Godzijdank had Mem de rolstoel niet langer nodig. Gellie stond te popelen om Mem het huis te laten zien. Pieter wilde pronken met de schuren en het materieel! Zodra de auto bij het huis stopte, stapte ik uit en rende ik overal naartoe.

Toen ik in Nederland de foto's van de boerderij had gezien, had ik besloten dat ik naar de top van de silo's zou klimmen. Ik dacht dat de openingen in de koepels uitkijkposten waren. Dus dat deed ik toen ik de kans kreeg. Vliegensvlug beklauterde ik de ijzeren staven aan de buitenkant van de silo, die als trap dienden, om een plank van 20 centimeter te vinden die de afstand van 3 meter tussen de trappen en de opening overbrugde. Ik kroop voorzichtig op handen en knieën om te kunnen kijken. De angst om de 9 meter naar beneden te vallen, bekroop me en ik durfde niet op de plank om te draaien. Ik was doodsbang dat de plank begon te schuiven en dat ik helemaal naar beneden zou storten. Ik besloot om terug te kruipen in de richting van de trappen, bij elke beweging bang dat de plank zou gaan schuiven. Met grote opluchting belandde ik eindelijk op de vaste bovenste trede. De angst in mijn hersenen en het griezelige gevoel in mijn buik leken toen te verplaatsen naar mijn benen, die ongecontroleerd

Foto van de familie Byle die gepubliceerd was in Grand Rapids Press, *1948.*
Van links naar rechts: Pieter, Baukje, Jill, Gertie, Sybé, Gerrit, Sy (Auké).

begonnen te schudden. Ik heb nooit iemand verteld over mijn
"Markadia board crawl" omdat ik het een domme actie van
mezelf vond.

Toen ik alle bezienswaardigheden bij ons nieuwe huis aan
het ontdekken was, werd mijn aandacht gewekt werd door het
bos op de boerderij. Het bos bestond overwegend uit loofbomen
– esdoorn en eik – en ze lieten hun volle herfstkleuren zien. Ik
hield van de geur van de bladeren. Terwijl ik rondliep, bedacht
ik me hoe de Indianen daar doorheen hadden gelopen – ik dacht
dat ze elk moment achter de bomen vandaan konden komen!

Mijn ouders hadden Koby uitgenodigd om bij ons op bezoek

te komen op de Markadia Farm en al snel kwam er een brief uit de grote stad Chicago, Illinois – Koby vroeg of ze nog steeds kon komen. Mem stuurde snel een brief waarin stond dat ze zeer welkom was. Koby kwam op een zonnige middag; een van haar neven had haar gebracht in zijn nieuwe, geelbruine Ford cabriolet uit 1949. De auto zat vol met mensen, Koby's neven, maar ik had alleen oog voor Koby – nou ja, en de Ford uit '49. Haar familie reed die dag naar huis, maar zij zou blijven tot haar tijdelijk visum verliep, over ongeveer twee maanden. Ze leek niet zo veel interesse in mij te hebben als op de Nieuw Amsterdam. Ze leek meer geïnteresseerd in Pieter, die Koby meteen leuk vond. Dat vond ik niet erg, want ze was eerst mijn vriendin geweest. Ik had me bij haar geliefd gemaakt als de snelste, onrustigste jongen die ze ooit had gezien, altijd aan het hardlopen of rennen. (Daar was mijn "stoomketel" gedrag weer).

Rond dezelfde tijd kregen we een brief van de familie Dijkstra in Nederland. Ze hadden mijn hond afgemaakt omdat hij de postbode had gebeten. Ik was meteen diepbedroefd en boos om dit nieuws. We waren nog maar drie maanden weg. Mijn hond had zelfs nog nooit naar de postbode geblaft toen ik

Mem kijkt of er post is op Markadia farm. Mem was een ijverige correspondent.

hem had. Ik wist dat Heit gelijk had gehad, de familie Dijkstra kon niet goed met dieren omgaan!

Ons huis op Markadia Farm lag vlak bij McCarthy Lake, een gebied dat grotendeels bewoond werd door Ierse katholieken. Onze Ierse buren, Jim en Mabel Gahan, deden veel voor ons. Zij hadden ook een groot gezin – drie jongens en twee meisjes. Mevrouw Gahan werd uiteindelijk mijn lerares voor groep zeven en acht.

Ik herinner me dat de familie Gahan mij uitnodigde om dat jaar Kerst bij hen te vieren. De overvloed van hun cadeaus verbaasde me. In Nederland was het onze traditie om cadeaus te krijgen met Sinterklaas, op 5 december. We zetten dan onze klompen, die gevuld waren met wortelen en wat hooi voor het paard van Sinterklaas. Zwarte Piet droeg cadeaus in een grote zak over zijn schouder en liet er eentje achter in de klompen van goede kinderen. Hij gebruikte die zak ook om stoute kinderen mee te nemen naar Spanje! Terwijl ik toekeek hoe de kinderen hun cadeaus uitpakten, hoorde ik tot mijn verbazing mevrouw Gahan zeggen: "Hier is er een voor jou, Sy." Wauw! Ik scheurde snel het papier eraf, zo opgewonden was ik. Een Farmall-H modeltractor, ongeveer 30 centimeter lang, kwam uit de verpakking. De tractor had rubberen banden! Ik ruik ze nog steeds als ik terugdenk aan die eerste Kerst in Amerika.

De zomer daarop nam de familie Gahan me mee in hun vierdeurs Buick Deluxe uit 1947 naar de Ionia Free Fair – mijn eerste Fair. Zij hadden een grote kuip met ijs gevuld met allerlei flessen frisdrank in de kofferbak! Dat was goedkoper dan het op de Fair kopen. In mijn onwetendheid had ik geen zakgeld meegenomen maar ik vermaakte me prima met het verkennen van de Fair. Als lunch kocht de familie Gahan hamburgers voor ons allemaal. En natuurlijk mochten we een frisdrankje kiezen. Ik koos Nesbitt's Grape. Dat was een traktatie! Het enige bijzondere drankje dat we thuis hadden was Kool Aid.

Margaret De Groot nam Jim Gahan in dienst om Heit te helpen bekend te raken met de Amerikaanse manier van landbouw. Jim kwam er echter achter dat, hoe gemakkelijk in de omgang Heit ook was, hij zijn eigen manier van werken had. Heit werkte bijvoorbeeld niet op zondag, met uitzondering van het voeren en melken natuurlijk. Op de Markadia Farm begon onze rustdag om 4:00 uur 's ochtends. We stonden op, voerden en molken de koeien, voerden de kalveren en varkens. Een van mijn taken was om een kan met melk door de DeLaval roomafscheider te halen (dit was voor de tijd van pijpleidingen en visgraat melkstallen) en de afgeroomde melk aan de varkens te voeren. We bewaarden de room in een kleine melkbus. We bewaarden de andere melkbussen volle melk in het melkhuis. Een vrachtwagen kwam dagelijks om tien uur 's ochtends de melk ophalen. De varkens waren slim en leuk om te voeren. We voerden de kalveren door op de poort speenemmers met melk te bevestigen (met de hand gemolken van koeien die net een kalf hadden gekregen, daarvan kon de melk namelijk niet worden verkocht), waaraan ze konden zuigen. De grote uitdaging was om te voorkomen dat ze de emmers van de poort stootten. In de zomer ging ik altijd op het gras liggen als de kalveren aan het eten waren en dan keek ik naar de wolken en vogels die voorbij kwamen. Margaret kwam vaak naar de schuur. 's Winters in het weekend droeg ze zelfs de melk naar het melkhuis voor mij.

Op een zondagmorgen kwam Jim Gahan naar de melkschuur, waar Heit en ik net klaar waren. Ik was kalk op de vloer achter de koeien aan het strooien – dat hielp tegen vliegen en het was ook om sanitaire redenen. Jim kondigde aan dat we die ochtend moesten beginnen met hooien. Heit vroeg aan mij om Jim te vertellen dat wij niet op zondag werken. Man, wat vond ik dat vreselijk om aan Jim te vertellen. Ik dacht dat de Amerikaanse manier de beste manier moest zijn, en de ouderwetse manier van Heit verkeerd. Ik zou later ontdekken dat dit zeker niet noodzakelijk het geval was.

Zoals later bleek, volbracht Heit zijn werk veel stipter. We oogstten ons hooi en graan sneller dan iemand anders uit de buurt. Het begon te sneeuwen en Jim moest nog graan oogsten. Het onze was al lang gedaan en lag al in de graanvoederbak. Die ervaring overtuigde me van de rustdag die God had gecreëerd

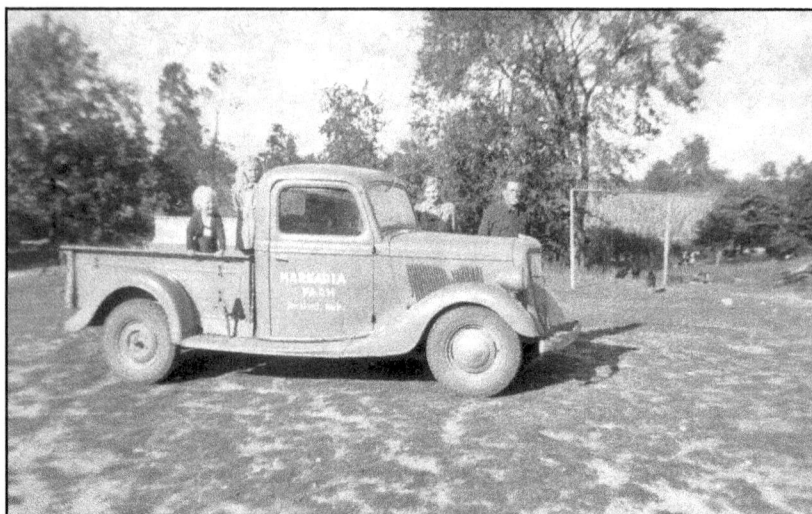

Van links naar rechts: Gerrit, Gertie, Baukje, and Sybé op de Markadia Farm, circa 1950.

voor ons - zes dagen werken en de zevende dag is van de Heer. Het werkte in ieder geval voor Heit. En ik vond het leuk om een rustdag te hebben.

Bij McCarthy Lake, dat binnen de grenzen van Markadia Farm lag, had ik vijf eenden als huisdier. Ik had drie witte eenden en twee wilde eenden. Heit hielp me een klein, net eendenhok te bouwen aan de rand van het meer. Het hok had een voederbak en een schuifdeur om de eenden 's nachts tegen stinkdieren en wasberen te beschermen. Ik moest een omheining bouwen die uitstrekte tot in het meer, zodat ze veilig waren tijdens het jachtseizoen. We hadden hun vleugels geknipt zodat ze niet weg konden vliegen.

Op een zondagmorgen, toen Heit thuisbleef om een eerste kalfskoe in de gaten te houden, merkte hij een lafhartige daad op van een jager die toestemming had gekregen van Margaret om op het terrein te jagen. De jager kwam 's ochtends op Heit af om te vermelden dat hij op konijnen ging jagen. Maar zodra hij onze auto zag vertrekken naar de kerk (Pieter reed), liep hij naar het meer, naar mijn eendenhok. Heit zag hoe de jager zijn geweer op het hek legde en alle vijf eenden doodschoot! Heit rende naar de man om hem te confronteren terwijl hij de eenden uit het meer

Markadia Farm en McCarthy Lake, circa 1950. Luchtfoto.

aan het vissen was. De jager sprong op, hij schrok dat Heit daar was. Hij bood de eenden snel aan Heit aan. Heit, die van het gedrag van de man walgde, antwoordde: "Die zien er niet uit als konijnen. Nee, we willen de huisdieren van onze zoon niet eten. Neem ze mee, en kom nooit meer terug!" Ik was gefrustreerd en gekwetst door het nieuws. Hoe kan iemand nou zomaar al mijn inspanningen binnen een paar seconden kapotmaken?! Ik heb nooit meer eenden als huisdier gehad. Ik heb nog wel wat postduiven en pauwstaartduiven grootgebracht. Enkele weken later ontving Margaret een telefoontje van de jager, met het verzoek weer op haar terrein te jagen. Ze vertelde Heit dat ze hem flink heeft aangepakt en dat ze hem op niet mis te verstane wijze heeft verteld om nooit meer een voet op haar boerderij te zetten.

In ons district was geen openbare school, alleen maar een katholieke school, St. Patrick's. Als gevolg daarvan was de belasting in vergelijking met de rest van de staat Michigan bij ons het laagst. Ik ging naar de dichtstbijzijnde openbare school, Cannonsburg School, op ongeveer vijf kilometer afstand. Margaret De Groot bracht me op mijn eerste dag in een groene, tweedeurs Dodge uit 1948. Ze stelde me voor aan mevrouw Walsh, die les gaf aan de eerste tot en met de vierde klas in het onderste gedeelte van het schoolgebouw. "Wat is je naam, jongeman?" vroeg mevrouw Walsh. "Auké Byle," antwoordde ik. Mevrouw Walsh keek me even wezenloos aan en gaf toen de opdracht om mijn naam op het bord te schrijven. Na het schrijven van mijn naam, schudde mevrouw Walsh haar hoofd en gebaarde me om meer te schrijven. Dus schreef ik mijn tweede voornaam op, Siebren. Mevrouw Walsh stapte vervolgens op het bord af en veegde alles uit behalve "Si." "Si," zei ze, "Je naam is Si." Wat een kick om mijn nieuwe Amerikaanse naam te horen! Ik kon nauwelijks wachten om het aan mijn ouders te vertellen.

Ik vond school vooral leuk. Mevrouw Walsh en ik konden het goed met elkaar vinden. Ze was een no-nonsense boerendame, en ze reed in een lichtblauwe, tweedeurs Pontiac Chieftan uit 1947. De kinderen speelden American football, niet mijn spel, maar ik deed dat redelijk. Honkbal was moeilijker – die kleine bal raken met een knuppel was een uitdaging. Ik werd goed in vangen. Het was gemakkelijker en ik kon thuis oefenen door de bal tegen de schuur te gooien en hem op te vangen. Ook al was ik elf jaar oud, ik werd in het eerste leerjaar geplaatst. Ik moest in het Engels leren lezen en schrijven – intensief werk. Ik deed rekenen met het vierde leerjaar, dat vond ik gemakkelijk. Tegen het einde van het schooljaar was ik door naar het vijfde leerjaar. Ik kende alle grote kinderen al en ik wist wie me kon verslaan in een gevecht. Ik zorgde ervoor dat ik vrienden werd met de drie stoerste jongens – Tom Wheeler, Donny Becket en Jim Becket.

Op een mooie, zonnige dag in april 1949 ging ik naar het huis van de familie Becket om te spelen. Het was 2 april, mijn twaalfde verjaardag en mijn eerste Amerikaanse verjaardag. Het huis van de familie Becket was leuk. Ze hadden een oude schuur, een grijs paard en een rijtuigje. De moeder van Donny en Jim was enkele jaren eerder overleden, dus hun oudste zus, Marylee, begin twintig, leidde het gezin. Die dag reed Donny ons rond met paard en wagen. We reden door de bossen en op zanderige heuvelpaden. Ik voelde me alsof we terug in 1800 waren, de periode van het Wilde Westen met de Indianen. Toen we terugkwamen bij het huis, kwam Alice, het zusje, naar buiten om ons te vertellen dat we naar binnen moesten komen – dat Marylee iets voor ons had. Alice was een levendig, klein, roodharig krullenkopje. Later zou ze de tante worden van mijn kinderen, Alice Shear. Toen we binnenkwamen, stond op de keukentafel een chocoladetaart met twaalf kaarsen, gemaakt door Marylee! Ik had nog nooit een verjaardagstaart gehad. In Nederland kregen we hooguit een amandelcake in de vorm van de eerste letter van je naam. De familie Becket zong: "Happy Birthday," en ik moest de kaarsjes uitblazen. Ik schaamde me, maar voelde me tegelijkertijd ook erg blij.

Het leren van een nieuwe taal en cultuur ging op en af. Ik dacht dat ik redelijk goed Engels kende en mijn ouders kwamen bij mij voor hulp. Dus toen ik in juni 1949 naar mijn eerste schoolpicknick ging in Townsend Park, moest ik daar zelf komen, eten meenemen etc. De school had aan elk kind gevraagd om een gerecht voor de picknick mee te nemen. Ik moest aardappelsalade meenemen. Niemand thuis kon me helpen uitzoeken wat dat was. Noch mijn ouders, noch Pieter sprak goed Engelsen ze hadden weinig verstand van de Amerikaanse keuken. Jill was verhuisd naar Cutlerville om naar de verpleegstersopleiding te gaan. Dus besloot ik, de twaalfjarige expert in Engels, om een zak aardappelen en een pot slasaus mee te nemen, ervan uitgaande dat ze de aardappelen zouden schillen en koken in het clubhuis in het park.

Om 12 uur' s middags op de dag van de picknick reden de leraren met de auto naar het park, ongeveer 1.5 kilometer van de school vandaan, terwijl de leerlingen zonder toezicht naar het park mochten lopen. Ik wist niet wat voor fout ik had gemaakt met de rauwe aardappelen, totdat onderweg een paar kinderen schreeuwerig naar me lachten en me vertelden hoe dom ik was. Bijgevolg kregen de aardappelen al snel nieuwe bestemmingen. Ik gooide ze nauwkeurig naar diegenen die botte opmerkingen maakten. Tegen de tijd dat ik in het park was aangekomen, waren alle aardappelen weg en voelde ik me in het gelijk

De school in Cannonsburg, circa 1950.

gesteld. Mevrouw Harrington, de kokkin van onze school, heeft gelukkig wel mijn pot slasaus gebruikt.

Als ontspanning keken we elke vrijdagmiddag met de hele school een film. Nadat we op een dag een film over de Tweede Wereldoorlog hadden gekeken, begon mevrouw Dewey, die lesgaf aan de vijfde tot achtste groep, op te scheppen over het feit dat haar man een met B17-bommenwerper had gevlogen. Zij wilde beweren dat de bommenwerpers uiterste nauwkeurigheid hadden! Ik kookte van binnen, de herinnering aan hoe drie jaar geleden B17-bommenwerpers ons huis hadden gebombardeerd lag nog vers in mijn geheugen Ik sprong op en schreeuwde: "Als ze zo nauwkeurig waren, hoe kan het dan dat ze ons huis raakten, terwijl de Duitsers kilometers verderop waren?!" Vanaf dat moment stonden mevrouw Dewey en ik op voet van oorlog.

Het volgende schooljaar, in 1949, begon ik op de eerste verdieping in de klas van mevrouw Dewey. Ik was zeer verheugd om boven te zijn bij kinderen van mijn eigen leeftijd. Echter, omdat onze relatie al bekoeld was door onze onenigheid over de B17-bommenwerpers, leken mevrouw Dewey en ik constant lijnrecht tegenover elkaar te staan. Het begon er al mee dat ze een Studebaker uit 1949 had, dat vond ik een belachelijke auto. Je kon nauwelijks de voorkant van de achterkant onderscheiden. Ook bleek mevrouw Dewey favorieten te hebben.

Op een dag besloten Jim Becket en ik om een jongen, genaamd Frank, de schrik van zijn leven te geven. Frank, het lievelingetje van de lerares, had een van ons verlinkt toen hij toezicht hield op de klassen van de bovenverdieping tijdens de lunch. Toen Frank op zijn fiets stapte, ging Jim aan zijn linkerkant staan en ik zijn rechterkant. We tilden het achterwiel op, pakten het stuur en gingen vervolgens de heuvel af richting de snelweg. We dreigden hem voor een auto of vrachtwagen te gooien. Tot onze vreugde begon Frank moord en brand te schreeuwen. Vlak voor de snelweg duwden we hem in de sloot. Natuurlijk had Frank alles aan mevrouw Dewey verteld tegen de tijd dat we de volgende dag op school kwamen. Mevrouw Dewey deed iets gemeens, waardoor ik haar verachtte. Ze verontschuldigde Jim, maar kondigde aan dat Sy de hele week tijdens de pauze binnen zou blijven! Tijdens de lunch at ik rustig mijn broodje, en zag hoe Jim de trap af ging. Ik rende naar de brandtrap en klom naar de speelplein. Vreemd genoeg waren er geen gevolgen voor mijn daad van verzet. Ik ben nooit binnen gebleven.

Cannonsburg School lag op een mooie, grote heuvel, wat geweldig was om te sleeën. De zachtere helling aan de ene kant leidde naar een veld en dat was prima voor de eerste- tot en met de vierdeklassers. De steilere kant liep parallel aan de weg, die voor een snellere, spannendere rit zorgde voor de grote kinderen. Toen ik op een dag net was begonnen bergafwaarts te sleeën, ging die rot bel. Ik ging tóch helemaal naar beneden met mijn slee. Als gevolg hiervan slenterde ik een paar minuten te laat de klas in. Mevrouw Dewey eiste een verklaring. Ik vertelde haar dat ik de heuvel naast de weg op moest lopen. Ze informeerde me dat ik niet van die heuvel af mocht gaan. Ik sprak haar tegen en zei dat dat een verrassing voor mij was, aangezien alle andere grote kinderen het deden. Ik moest van mevrouw Dewey haar mijn slee brengen – ze zou hem in beslag nemen. Ik antwoordde:

"No way! Niet tenzij alle andere kinderen dat ook moeten!" Ze stuurde toen een andere leerling, Jack, om mijn slee te halen. Ik rende naar buiten en was eerder bij mijn slee dan Jack. Ik pakte de slee op en vertelde hem dat ik hem er zijn hersens mee in zou slaan. Jack bleef op afstand. Al snel stak mevrouw Dewey haar hoofd uit het raam om te kijken waarom Jack nog niet was teruggekeerd met mijn slee. Jack jammerde tegen haar dat ik van plan was om hem ermee te slaan. Dat klopte als een bus! Mevrouw Dewey schreeuwde dat we beiden terug moesten komen en dat ze mijn vader op de hoogte zou brengen zodra hij me kwam ophalen! Daar maakte ik me niet zo druk om, omdat ik wist dat Pieter me zou ophalen en dat ik op hem kon rekenen als verdediger.

En ja hoor, om half vijf kwam Pieter naar boven, waarop mevrouw Dewey hem meedeelde dat ik elke middag na school tot 5 uur moest blijven. Pieter antwoordde: "Nee hoor. Sy moet mee naar huis om koeien te melken." Hij wendde zich tot mij: "Sy, pak je jas. Laten we gaan." Hij stond tussen mevrouw Dewey en mij in en we gingen naar huis – weer zonder gevolgen.

Er was nog een incident met mevrouw Dewey en dezelfde jongen, Jack. Tijdens de lunch kregen de schoolkinderen in het kader van een kersenoverschotprogramma een aantal blikken kersen. We namen allemaal een bord en een lepel mee en plaatsten ze op onze tafel. Onze lerares kwam dan rond en vulde de borden met kersen voordat ze naar beneden ging om met de andere leerkracht, mevrouw Walsh, te lunchen. Mevrouw Dewey liet meestal een leerling de klas in de gaten houden. Op een dag had ik net mijn kersen op toen Jack mijn bord en lepel pakte en ze het raam uit gooide. Ik sprong op om Jack bij zijn lurven te grijpen en gooide hem tegen de muur met mijn schouder in zijn buik. "Haal mijn bord en lepel of ik gooi je uit het raam," eiste ik. "Je gaat me er toch niet uit gooien," pochte hij. Nou, ik deed zeker mijn best en de hele bovenverdieping moedigde me aan. Jack raakte in paniek en begon te schoppen en te schreeuwen. Ik had hem deels uit het raam, toen mevrouw Dewey binnenstormde. Ik hoorde haar iets schreeuwen. Ik liet

Jack vallen en vertelde haar dat, aangezien hij mijn schotel en lepel uit het raam had gegooid, ik dacht dat ik hem ook uit het raam zou gooien. Eindelijk zei mevrouw Dewey iets zinnigs. Ze zei tegen Jack, die stond te jammeren, dat hij een dwaas was om van alle kinderen juist Sy's bord uit het raam te gooien! Hij moest van haar mijn bord gaan halen. Ondertussen riep ze dat ik zonder twijfel ooit in de 'Sing-Sing'-gevangenis zou belanden. Toen Jack terugkeerde, droeg mevrouw Dewey hem op zijn excuus aan te bieden. Ah, de zoete overwinning! Ik vond mevrouw Dewey's opmerking over Sing-Sing een compliment. Ze wist niet hoe Mem voor mij bad.

De familie Byle voor ons huis op Markadia Farm, 1950.
Van links naar rechts: Pieter, Gertie, Sy, Baukje, Jill met Gerrit, Sybé.

Opgroeien op Markadia Farm

In de herfst en lente bracht Margaret de Groot me naar school op weg naar haar werk in Grand Rapids. Op dat moment leidde het tijdschrift Shopping News. Ik kwam altijd vroeg bij haar huis, zodat ik naar haar radio kon luisteren, waarmee ze me liet spelen. Margarets moeder, die bekend stond als "Grootmoeder", gaf me altijd twee havermout-rozijnenkoekjes. Dan reden we naar school in Margarets groene, tweedeurs Dodge sedan uit 1948. Ze hield dan een gesprekje met me – vroeg me wat ik van school vond en of ik nog een nieuwe sport aan het leren was. Helaas verbleef ze tijdens de winter in de stad, in een van haar huizen aan Warren Avenue in Grand Rapids. Dat betekende dat ik de vijf kilometer moest lopen in het slechtste weer. Als er een sneeuwstorm was, bracht Pieter me of haalde me op, zodat ik geen kou hoefde te lijden. En, echt, ik vond het niet erg om te lopen. Ik hield van het platteland.

Ik herinner me een koude, ijzelige middag, alles was bedekt met ijs. Ik was ook bedekt met ijs. IJspegels hingen aan mijn muts. Ik was nat van de ijzel en de wind had me afgekoeld tot op het bot. Pieter zou me ophalen, dus ik durfde niet in een van de huizen langs de weg naar binnen te gaan. Ik begon me echter zorgen te maken over doodvriezen, dus liep ik dicht bij de rand van de weg. Op die manier zou ik tenminste niet op de weg liggen als ik was ingestort! Een voertuig zou niet in staat zijn om te stoppen, zo glad was de weg. Veel takken braken af en vlogen rond in de wind. Dramatisch! Ik voelde me kwetsbaar tijdens het lopen, niet zeker of ik het zou halen. Ik was over de helft toen Pieter eindelijk aan kwam rijden. Hij bood zijn excuses aan en was bang dat ik bevroren was. Hij was van de weg in de sloot gegleden bij de heuvel van Henry Kramer. Toen hij eenmaal de Jeep uit de sloot had gehaald, had hij moeite om de heuvel op te komen vanwege het ijs. De verwarming van de Jeep voelde zo goed! Ik was nog nooit zo blij geweest om Pieter en de Jeep te zien!

Die Jeep en ik hadden op een zaterdag nog een ijzige ervaring, toen ik besloot om ermee op het McCarthy Lake te gaan rijden. Het meer had een laag ijs van 15 à 20 centimeter dik, dus ik dacht dat het redelijk veilig zou zijn om erop te rijden. Ik reed rondjes en deed andere kunstjes – langzaam natuurlijk, ongeveer 35 à 40 kilometer per uur. Alles ging prima, totdat ik om een of andere reden de remmen raakte. Onmiddellijk kreeg ik les in de wet van Inertie. De Jeep werd een projectiel dat recht naar het riet gleed. Ik gaf gas, draaide met het stuur – allemaal zonder resultaat. Ik raakte in paniek toen ik besefte dat ik door het ijs zou kunnen zakken als ik in dat riet terechtkwam. Ik zette me schrap. De Jeep gleed het riet in en kwam schokkend tot stilstand. Godzijdank bleef het ijs onder me heel. Ik wist niet hoe snel ik uit het riet moest komen! Ik reed achteruit het riet uit daarna over het meer naar huis, de wal van het meer op. Ik ben nooit meer met de Jeep het meer opgegaan maar de les die ik had geleerd over het rijden op het ijs is me goed bijgebleven.

Die lente leerden de Jeep en ik verzakt te zitten. Heit deed er niet moeilijk over als wij kinderen wilden rijden. Hij had Jill toegestaan om zonder rijbewijs Mem naar de stad te brengen om te winkelen en boodschappen te doen. Toen ik twaalf was, reed ik veel – op de boerderij, maar ook op de wegen van en naar andere akkers en weilanden. Op een dag was ik op weg om het jongvee te voeren op de Malone Farm in Parnell, een boerderij naast de Markadia Farm die Margaret onlangs had verworven. Pieter had me gewaarschuwd om op te letten dat ik niet verzakt zou komen op de weg. Ik luisterde maar half; aangezien de Jeep een vierwielaandrijving en winterbanden had, dacht ik het wel zou meevallen. Ik ging de Six-Mile Road op, een onverharde weg die meestal erg modderig was in het voorjaar. Ik had nog maar 9 meter gereden en ja hoor de Jeep stopte. De wielen draaiden rond als een gek en modderig water vloog rond. Ik probeerde het stuur te draaien, hem in zijn achteruit te zetten, alles wat ik kon bedenken, maar ik kon absoluut geen grip krijgen. Tot slot overwon ik mijn trots en liep terug naar de schuur, waar Pieter me begroette met een grote glimlach: "Je zit verzakt he?" Daarna, zonder verder gezeur, stapte hij op de Farmall-H tractor en trok me eruit met de ketting. Sindsdien ben ik voorzichtiger met sporen.

Mevrouw De Groot en haar nichtje, Diane De Nio, waren twee van de belangrijkste redenen waarom ik van de Markadia Farm hield. De meeste weekenden en elke zomer bezocht Diane haar tante, die ze "Margie" noemde. Margaret behandelde Diane als haar eigen dochter. Aangezien Diane en ik even oud waren, hadden we veel leuke avonturen samen.

Als Dianes vriendin Donna niet bij haar was, nodigde ze me uit om op hun twee rijpaarden te gaan rijden, Empress en Bingo. Empress en Bingo hadden de allerbeste rijuitrusting. Ze waren goed gemanierd ze bleven kalm en beheerst, op het schoppen tegen dazen na. Na het rijden borstelden we de paarden goed af, zoals Heit het ons had geleerd. Diane was een vurig voorstander van instructies volgen – niets overslaan! Vervolgens maakten we al het leer schoon met zadelzeep en olieden we het leer met Neatsfoot oil, zoals "Margie" het ons had geleerd.

Diane hield van dieren. Ze was ook slim en welbespraakt. Ze werkte ijverig aan mijn Engels door mijn grammatica en uitspraak te corrigeren. Ze keek in mijn mond en vertelde me hoe ik mijn tong moest houden om een Amerikaanse "R" te zeggen in plaats van de Nederlandse "R". Tijdens een van mijn eerste dagen op de boerderij, vertelde ze me dat ik haar moest volgen naar de stroberg bij het kippenhok waar Boots, de hond, haar nestje pups had. Ik moest van Diane keer op keer "puppies" zeggen. Ik was leergierig want ik wilde het goed doen.

Bijna iedere keer als Diane en ik naar "Margies" huis gingen, bood Margaret me een cola aan. Ik kreeg thuis nooit cola. Een keer gaf Dianes vader Harold me een stuk watermeloen. Iedereen keek om te zien of ik het lekker vond. Maar ik wist niet hoe ik het moest eten, dus ik stond er maar een beetje naar te staren zonder te weten wat ik moest doen. Harold schoot me te hulp en liet me de eettechniek voor watermeloenen zien.

Het was helaas niet iedere keer leuk als we samenkwamen. Vooral Dianes twaalfde verjaardag eindigde voor mij abrupt en ongemakkelijk. Natuurlijk waren er veel van Dianes vriendinnen. Ik was de enige jongen die was uitgenodigd. Ik ging er vol verwachting naar toe, want ik was benieuwd wat voor lekkers we allemaal te eten zouden krijgen! We begonnen net tikkertje te spelen, toen een meisje schreeuwde en vroeg of ik wegging. Ik was met stomheid geslagen. Ik keek naar Diane, en tot mijn ontsteltenis zei ze dat ik moest gaan! Gekwetst en verbijsterd liep ik weg. Toen ik thuiskwam, vertelde ik Mem dat ik gevraagd werd om te vertrekken, wat haar bang maakte dat ik iets verkeerds had gedaan. Dus ik ging naar de schuur om Heit te helpen. Toen "Margie" naar de schuur kwam, zoals ze wel vaker deed, legde ze de situatie uit. Ze lachte en zei dat een van de meisjes in paniek was geraakt toen het bandje van haar beha losschoot. De meisjes hadden geschreeuwd dat ik meteen moest vertrekken, maar nadat het bandje weer vastzat, schaamden ze zich te erg om me terug te vragen.

Bij een van mijn favoriete taken op de boerderij mocht ik met de Farmall-H tractor de velden omploegen ter voorbereiding van het beplanten. Het maïsveld lag naast een vijver waar ik tijdens mijn lunchpauze kon genieten van de epauletspreeuwen en witkruingorsen. Ik herinner me een witkruingors die op een hek uit volle borst zat te zingen. Terwijl ik keek, zag ik een bijtschildpad uit de vijver kruipen. Ik reed de tractor ernaartoe en stopte bij de schildpad. Zoals schildpadden doen, kroop hij direct in zijn schild. Er kwam een ondeugende gedachte in mijn hoofd – tijd voor een wetenschappelijk experiment. Ik haalde uit de gereedschapskist een schroevendraaier met een houten handvat en bond er een draad aan. Ik stopte de motor van de tractor en bond het andere uiteinde van de draad aan de bougiekabel. Ik startte de motor weer en hield de schroevendraaier voor de schildpad. Ik tikte een paar keer op zijn schild. Tot mijn vreugde beet de schildpad op de schroevendraaier en hield hem vast! Hij

Sy en Gerrit op de Farmall-H tractor, circa 1950.

maakte een sprong, liet los en trok zich terug in zijn schild. Ik had dus bewijs dat schildpadden elektriciteit geleiden – zonder twijfel een schokkende ervaring voor de schildpad. Toen ik wegreed, zorgde ik ervoor dat ik hem niet raakte met de ploeg. Toen ik weer bij dat deel van de vijver kwam, was hij weg.

Margaret de Groot had de boerderij van Malone in Parnell met contant geld gekocht, nadat de vorige eigenaar, een alcoholist, in een dronken bui zijn huis in brand had gestoken.

Het terrein grensde aan dat van Margaret en haar overname zorgde voor nogal wat opschudding in de gemeenschap. Ik was geïnteresseerd in alle politiek en luisterde tijdens het melken aandachtig naar Margie die Heit alle details vertelde. Margaret had de deal gesloten via de plaatselijke priester. Margaret had altijd gul gedoneerd aan de kerk. Een aantal bewoners waren boos dat ze niet de kans hadden gekregen om op het terrein te bieden voordat het werd verkocht. Toen het eenmaal van Margaret werd, gingen Heit, Pieter en ik er heen om de schuur schoon te maken, de hekken te repareren, en de plaats klaar te maken voor gebruik als boerderij.

In de schuur van de voormalige boerderij van Malone lagen veel lege bierflesjes, elk ter waarde van drie of vier cent. Ik verzamelde ze tijdens het schoonmaken en verstopte ze in de schuur, zodat ik een voorraad had die ik kon besteden in de winkel in Parnell. Elke keer als ik het jongvee ging voeren, ruilde ik twee flessen voor een ijsje. Alleen Pieter en Heit wisten van mijn voorraad en bleven van de flessen af – een van de vele dingen die ik waardeerde van mijn broer.

Op een dag ging ik met de bierflesjes in mijn hand naar de winkel in Parnell en ontdekte ik een kant van mezelf die me verbaasde. Toen ik de trap opliep en de deurklink vastpakte, besefte ik dat de winkel gesloten was. Ik had me zo verheugd op dat ijsje bedekt met een laag chocola, dat ik ineens de drang voelde om de deur in te trappen naar binnen te gaan en het ijsje te pakken. Ik vermande mezelf, liep met mijn twee lege bierflesjes terug naar de Jeep en nam plaats achter het stuur. Ik zat daar een tijdje vol ongeloof dat ik zo boos kon worden om een ijsje! Ik probeerde mezelf te begrijpen. Uiteindelijk besloot ik dat ik net als een alcoholist bezig was; mijn ijsje was een soort van verslaving. Dus om mezelf te straffen, ging ik vier weken lang niet naar de winkel in Parnell! Dat was een flinke les over de subtiele kracht van verslaving voor mij als dertienjarige.

De eerste twee oogstjaren op de Markadia Farm dorsten we alle graan. Johnny Oldenkamp kwam met zijn dorsmachine en zijn oude 10-20 McCormick tractor. Zowel Johnny als

zijn vrouw spraken Nederlands en gingen net als wij naar de
Plainfield Christian Reformed Church, dus Johnny en Heit
werden goede vrienden. De familie Oldenkamp had vijf jongens
en een meisje. Een van de jongens, Bill, was even oud. Hij was
de eerste jongen die bij mij kwam spelen na de verhuizing naar
deze boerderij. We leerden elkaar die eerste winter kennen toen
hij zijn slee mee had genomen en we samen van de heuvel waren
gaan sleeën achter het huis van Margaret.

We verbouwden tarwe, haver en rogge als veevoer op de
Markadia Farm. Dorsen betekende een hoop werk met de hand.
Het moeilijkste deel was het hokken. Elk persoon pakte twee
schoven, een in elke hand, en zette ze met de punten tegen elkaar
met behulp van een werkpartner. We zetten ongeveer twaalf
schoven in een hok en begonnen toen aan een nieuwe. Tarwe
was gemakkelijk om te hokken. Haver was wat moeilijker te
hanteren. Maar de rogge had ellendige, kleine, naaldachtige
uiteinden, die prikten in en kleefden aan onze bezwete huid – erg
onaangenaam! Het hokken van rogge was een van de heetste,

*Dorsen bij Johnny Oldenkamp. Van links naar rechts: een vriend, Gerrit,
Johnny O., Heit (op wagen).*

meest ongewenste taken op de boerderij. Hooi opsteken volgde als goede tweede.

Het werken met de dorsmachine bracht opwinding en een feestelijke sfeer met zich mee tijdens de oogsttijd, daar ik van hield. De groep bestond uit Heit, Pete, Jill, ikzelf en een buurman die was ingehuurd. Johnny O. was de baas over de machine. Ik hield van zijn oude 10-20 McCormick tractor. Zijn zoon Bill, mijn vriend, heeft hem nog steeds in zijn bezit en hij werkt nog steeds. Heit of ik reden meestal met onze Farmall-H tractor, met daarachter een wagen, waarmee we de hokken van het veld naar de dorsmachine brachten. We werkten hard en snel. Mem bracht ons lunch met een koud biertje.

In het voorjaar van 1951 werd Pieter opgeroepen voor zijn dienstplicht, tot Heit's afschuw. Hij vertelde Pieter dat hij "niets meer dan kanonsvlees" zou zijn in de Koreaanse oorlog. Heit had dat zelf keer op keer gezien toen hij gewonde Duitse soldaten van het front moest vervoeren met zijn paard en wagen. Ik probeerde aan Heit loyaliteit aan het land uit te leggen, maar het mocht niet baten. Heit haatte oorlog tot aan zijn sterfdag, net als Mem. Ze was opgegroeid in een doopsgezinde familie, waarin ze niet vochten, maar als verpleegkundigen of medici dienden. Pieter diende tijdens zijn militaire dienst als verpleger in Duitsland.

Verschillend mooi, nieuw materieel kwam naar de boerderij na het vertrek van Pieter. We kregen een tweede Surge melker die het melken van Pieter overnam en een nieuwe combine van Minneapolis Moline in plaats van de dorsmachine. De combine had een kop van 1,5 meter breed, wat betekende dat het een baan van 1,5 meter breed kon afsnijden in het veld. We hoefden niet meer te hokken en te bundelen! We trokken de combine achter onze tractor, die van het type Minneapolis Moline Z met handkoppeling en PTO was! Aangezien ik veertien was, kreeg ik er de verantwoordelijkheid over, dus ik las de handleiding van kaft tot kaft. Ik vond het heerlijk om erop te rijden, en kende de combine van binnen en buiten. Ik vond de M.M. insigne behoorlijk stoer! En hij was sterker dan onze Farmall-H. Op

Sept 1951

Nieuwe maaidorser, 1951. Sy rijdt, Heit op de grond.

dat moment hadden geen van onze buren er één. Als ik alleen veldwerk had hoeven doen, de hele dag op de tractor rijden, in plaats van de koeien twee keer per dag, zeven dagen per week te moeten melken, dan was ik waarschijnlijk op de boerderij gebleven. De andere fijne aanvulling was de komst van Koby.

Pieter had Koby een aanzoek gedaan tijdens haar eerste bezoek aan Markadia Farm. Terwijl hij in Duitsland was, konden ze elkaar af en toe bezoeken. Koby had haar immigratiepapieren in orde gemaakt en ze kwam op de boerderij voordat Pieter thuiskwam. Ze molk de koeien en hielp zelfs met veldwerk. Zij en Geertje deelden de meisjeskamer boven, want Jill woonde in Cuttlerville op de verpleegstersschool. Gerrit en ik deelden de andere slaapkamer boven.

Toen ik op een dag met de Farmall-H een pas ontruimd gebied omploegde, zag ik een aantal kleine dieren rondrennen op een stapel stronken die waren platgewalst aan de rand van het veld. Ze zagen eruit als kleine honden, maar ik wist het niet zeker van zo'n afstand. Daarnaast had ik niet veel vertrouwen in mijn kennis van Amerikaanse wilde dieren. Toen Koby mij mijn lunch kwam brengen in de Jeep, reed ik de tractor tot dicht bij de stronken om een kijkje te nemen. Ik stopte de tractor, en de kleine dieren verdwenen onder de stronken. Ik ging op de grond zitten bij een opening van de stronken, en legde een stukje brood voor me naast het gat. Ik deed mijn jas uit en hield het bij de hand om over het dier te gooien, wat het dan ook zou zijn. En ja hoor, een schattig, zwart-witte puppy (gelukkig niet een stinkdier) kwam naar boven. Ik gooide snel mijn jas eroverheen en

Koby en Sy buiten bij de schuur op Markadia Farm, 1953. Pieter op de achtergrond.

dook er bovenop. Tippy, zoals wij hem noemden, was ongeveer vier of vijf weken oud en had een wit puntje op zijn staart. Ik ving hem op een zaterdag. De maandag erop gingen Koby en Heit ernaartoe om Tippy's moeder en de andere vier pups te vangen. Ze brachten ze naar een plaatselijk dierenasiel.

Tippy bleek een van de slimste boerderijhonden te zijn die ik kende. Hij had het natuurlijke instinct om koeien te drijven en volgde Heit 's ochtends om de koeien te halen voor het melken. Heit trainde Tippy om de koeien op naam te halen. Heit zei dan tegen hem: "Haal Walnut," en Tippy bracht hem Walnut. Tippy leerde welke koeien naar hem toe renden en welke niet. Hij ging de gemenere koeien van achteren besluipen en in de poten bijten. Tippy was zo slim om zijn staart veilig naar beneden te halen als hij onder de schrikdraad van het veld door liep. Hij was een goede vriend, en wilde je altijd behagen. Hij vond het heerlijk om rond de schuur te hangen met de koeien en Heit.

De eerste jaren dat we ons hier vestigde, vormde het kennismaken met de wilde dieren van de Verenigde Staten een leuke en interessante uitdaging. In Nederland waren de eenden, fazanten, kraaien, verschillende kleinere vogels en egels de enige wilde dieren. Op de Markadia Farm ervaarden we veel meer variatie in de lokale fauna. Een van de wilde dieren waarvan ik al snel leerde profiteren was de muskusrat.

We hadden een bejaarde buurman, Henry Kramer, die roeiboten verhuurde om te vissen op McCarthy Lake en die aas en groenten verkocht. Henry had vroeger veel gejaagd en ratten gevangen, maar vanwege artritis was hij te traag geworden. Hij kon geen ratten meer vangen, dus haalde hij mij over om het te leren. Hij gaf me al zijn vallen en zijn beste houtvlotten, die het echte geheim tot het vangen van de muskusrat waren. Hij adviseerde me en deelde zijn vangtips, die hij door de jaren heen had geleerd. Zolang het meer niet bevroren was, ving ik een hoop muskusratten. Ik zette de vallen op zaterdag met zes tot acht houtvlotten waarbij elk houtvlot vier vallen had. Ik kon in de regel op vier muskusratten per houtvlot rekenen. Het houtvlot bestond uit twee blokken hout van ongeveer een meter lang doorkruist door twee planken om een vierkant te vormen. De planken staken ongeveer vijftien centimeter uit, waardoor een val bevestigd kon worden aan de onderzijde. Een spijker stak uit ieder blok. Daar stak ik het aas op – een sappige, rijpe appel. Van de wet moest het aas verplicht dertig centimeter van de val vandaan zijn. In mijn eerste jaar ving ik meer dan tachtig muskusratten en verkocht ik hun huiden voor $1,50 tot $3,50 per stuk. Dat was veel geld voor mij op mijn leeftijd.

Henry vertelde me dat kippen graag muskusrat eten. Dus, na het verwijderen van de pelzen, liet ik er 's nachts drie of vier in het kippenhok hangen. Die kippen aten in een mum van tijd het vlees van het bot. Op een ochtend kwam Mem de schuur in om me aan te spreken over het feit dat de deur van het kippenhok 's nachts open was gelaten. Iets had wat kippen gedood. Ik was er zeker van dat ik de deur dicht had gedaan, maar ik had geen bewijs en begon zelf te twijfelen. De volgende ochtend kwam Mem de schuur in om te zeggen dat er weer iets de kippen had gepakt, ondanks dat ze de deur goed had vergrendeld voordat ze naar bed ging. Nu wisten we allemaal dat ik niet het probleem had veroorzaakt. Maar we waren er wel verbaasd over: wat had de deur geopend en de kippen gedood?

Heit kwam met een plan om het mysterie rond de deur van het kippenhok op te lossen. Diezelfde avond parkeerden we onze lichtgroene, tweedeurs Plymouth uit 1942 op ongeveer tien meter afstand van de kippenhokdeur. Het was buiten ijskoud met ongeveer -7 celsius, dus de auto was een goed idee. Heit zat voorin met de dubbel-loops twaalf kaliber, ik achterin met het .22-geweer. We hadden een plank tegen de deur gezet en de houten hendel op de deur gedaan. We zaten er niet lang, toen we een reeks kleine dieren zagen naderen vanuit McCarthy Lake. De twee aan kop waren de grootste met daarachter zes kleinere. We wachtten af om te zien wat ze waren en wat ze zouden doen. En ja hoor, die inbrekers liepen regelrecht naar het kippenhok. Als je het nog niet geraden had, het waren wasberen. Tot onze

Tippy voor ons huis op Markadia Farm.

verbazing begonnen ze de plank weg te halen. Dat was reden genoeg voor Heit om te vuren, wat nogal luid was in de auto. Ik deed mijn raam naar beneden, schoot een keer en krabbelde toen uit de auto.

De twee grotere wasberen, ongeveer het formaat van een middelgrote hond, rolden in het rond schreeuwend van de pijn. Mijn kleine hond Doggie rende naar ons toe met Mem vlak daarachter. Mem was doodsbang door de schoten en het geschreeuw; ze dacht dat Heit me per ongeluk had neergeschoten! Ze vertrouwde wapens niet en associeerde ze met oorlog en moord. Doggie en ik gingen achter de kleinere wasberen aan toen ze naar de varkensstal gingen. We dreven ze in het nauw. Ze gingen op hun achterste zitten en begonnen Doggie te krabben en te bijten. Ik kon moeilijk richten, omdat Doggie van de ene naar de andere sprong. Maar ik slaagde erin om tussen Doggies gespring door te schieten, zonder hem te raken. Doggie was een uitstekende jachthond, zoals Tippy de boerderijhond was. Ze hadden elk hun specialiteit. Heit en ik schakelden de hele wasberengroep uit. We sloten vanaf dat moment de deur met een metalen grendel. Daarna hadden we geen problemen meer met wasberen die onze kippen aten. We hadden onze "wasberenles" gehad.

Tijdens een diep theologische zondagsschoolles door de heer Van Zalens in de Plainfield Christian Reformed Church, vertelde ik mijn vriend Bill Oldenkamp over mijn muskusrattenjacht en ik schepte op hoeveel ik er wel niet in mijn vallen op McCarthy Lake had gevangen. De volgende zaterdag kwam Bill kijken. Ik nam hem mee het meer op in onze nieuwe roeiboot. Als we dode muskusratten in de vallen vonden, haalde ik ze daaruit en gooide ik ze op een stapel aan de achterkant van de boot, waar Bill zat. Soms vond ik een muskusrat die nog niet helemaal verdronken was. Dan moest ik hem met een knuppel op het hoofd slaan om hem af te maken. We hadden vier van de houtvlotten gecontroleerd en meer dan twaalf muskusratten verzameld, toen Bill plotseling opsprong en bijna de roeiboot omkiepte. "Dutch," schreeuwde hij, "de ratten leven nog!" Blijkbaar had

ik een rat niet de juiste coup de grâce gegeven en hij was rond
Bills voeten gaan lopen. Ik pakte snel mijn knuppel en zorgde
ervoor dat de muskusrat dit keer een deugdelijke 'massage' op
het hoofd kreeg. Om de een of andere reden vroeg Bill nooit
meer of hij nog eens mee mocht.

Nadat ik drie jaar naar Cannonsburg School was gegaan,
opende ons district eindelijk een openbare school, die zij Talbot
School noemden. Onze vriendin, mevrouw Mabel Gahan,
werd ingehuurd als de lerares van de school, die uit één lokaal
bestond, voor de eerste tot achtste groep. Zij en ik konden het
prima met elkaar vinden en we hadden nooit problemen. Dat laat
zien hoeveel invloed een docent op mijn gedrag had. Mevrouw
Gahan bracht me de liefde voor lezen bij. Een keer per maand
kwam een Boekmobiel van de provinciale bibliotheek. De
bibliothecaris las dan een verhaal voor en we mochten twee
boeken uit de Boekmobiel kiezen die we tot de volgende maand
mochten lenen. Zodra we ze gelezen hadden, leverden we ze
in bij mevrouw Gahan. Omdat ik die van mij altijd binnen de
eerste twee weken uithad, vroeg mevrouw Gahan of ik meer
wilde lezen. Ze koos er altijd een paar uit voor mij die ik echt
leuk vond. Eén die ik me herinner, heette Orange on Top dat
ging over de Tweede Wereldoorlog in Nederland.

Er zaten vierentwintig kinderen in de acht klassen van de
Talbot School. Gary Anderson, Mary Fox en ik waren de enige
achtsteklassers. We waren een leuke groep. Mevrouw Gahan
had alle leerlingen uit de bovenbouw gekoppeld aan leerlingen
uit de onderbouw, om naar hun lezen te luisteren of hen te helpen
met rekenen. Het zorgde voor een aangename sfeer. Maar er
waren niet genoeg kinderen om echt honkbal te spelen. Een keer
speelden Gary en ik tegen de rest van de school (het 4e leerjaar
en daarboven). Dat betekende dat een van ons moest werpen
en de ander in het veld moest staan. Als we aan slag waren,
moesten we op zijn minst een dubbele slaan om elkaar naar het
thuishonk te helpen! We wonnen gemakkelijk. Gary's ouders,
Herb en Mary Anderson, moedigden me aan om hun complete
set romans van Zane Grey te lezen, ik genoot ervan.

Tijdens een ander honkbalspel, toen ik eerste honkman was, sneed er iets in mijn voet – een nare snee. Van mevrouw Gahan moest ik mijn schoen en sok uittrekken, waarna ze de wond schoonmaakte en er verband omdeed. De volgende dag vroeg ze of ik het in Epsom-zout had geweekt. Dat had ik niet. Dus ze zette een ketel water op het vuur, zette alle klassen aan het werk en verzorgde mijn wond opnieuw. Ze zette twee stoelen tegenover elkaar en vroeg me om tegenover haar te gaan zitten. Ze schonk een beker vol Epsom-zout in een pan en goot er heet water uit de ketel over. Ik moest mijn voet in het hete water zetten. Aaah! Wat was dat heet! Het zweet brak met uit. Mevrouw Gahan bleef mijn voet onderdompelen en naar boven halen. Ten slotte zette ze mijn voet op een handdoek op haar schoot om deze te drogen en te verbinden. Ze herhaalde dit ritueel elke dag totdat ze zeker wist dat ik aan de beterende hand was.

Mevrouw Gahan trad vanaf het begin streng op. Op een dag besloot Tom Fox dat hij die middag vrij nam van school. Toen hij niet kwam opdagen na de bel van 1 uur, moest ik van mevrouw Gahan de school in de gaten houden, terwijl zij naar de familie Snijder liep om haar man te bellen. Mevrouw Gahan was snel terug. Jim Gahan kwam binnen een uur terug met Tom. Mevrouw Gahan ging naar de auto, pakte Tom bij zijn oor en trok hem naar zijn tafel op school. Niemand, inclusief Tom, probeerde dat ooit nog eens.

Een van mijn favoriete dingen dat jaar was muziekles. Mevrouw Gahan kon erg goed piano spelen. Meerdere keren per week zongen we uit The Golden Book of Favorite Songs. Mijn favoriete lied was: "Spanish Cavalier", pagina 123. Ik zong het zo vaak, dat ik me het eerste vers nog steeds herinner: "A Spanish cavalier stood in his retreat/And on his guitar played a tune dear/The music so sweet they would oftimes repeat/The blessing of my Country and you dear." Mevrouw Gahan leerde ons ook de square dance en two step. Ze probeerde ons ook de Polka te leren maar dat kregen we nooit helemaal onder de knie.

Tegen het eind van dat schooljaar bezocht mevrouw Gahan mijn ouders bij ons thuis om te praten over de middelbare school voor mij. Dit was tevergeefs. Heit was er zeer op tegen; hij was fulltime als boerenknecht gaan werken toen hij twaalf was, na de lagere school. Ik was erg gefrustreerd dat mijn ouders me niet naar de middelbare school lieten gaan. Maar als christen voelde ik dat het verkeerd was om weg te lopen. Herb en Mary Anderson hadden me meegenomen om Lowell high school te bezoeken. Ze boden me aan dat ik bij hen kon blijven, zodat ik naar de middelbare school kon gaan. Maar ik kon mezelf er niet toe brengen om mijn ouders ongehoorzaam te zijn en het huis te verlaten.

Het huis van Margaret De Groot op Markadia Farm, circa 1950.

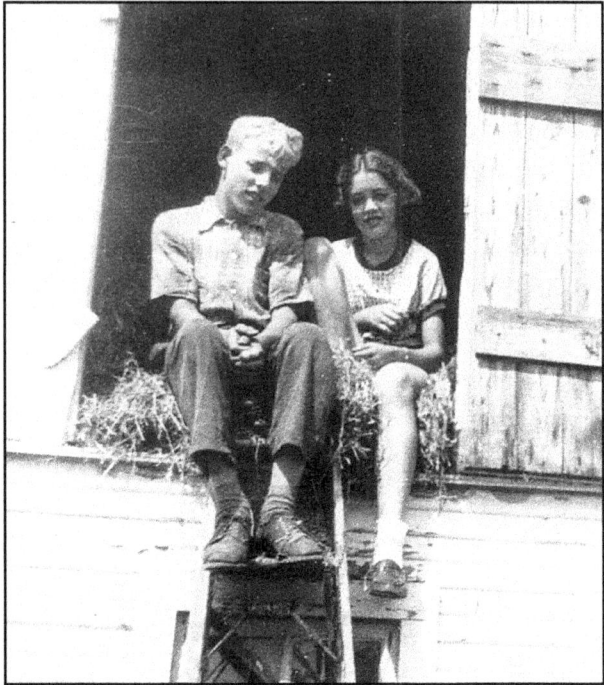

Sy en Diane DeNio, schuur Markadia Farm

Volwassen worden

Ik heb van 1949 tot 1955 deelgenomen aan 4-H (een jongerenprogramma van het Amerikaans Ministerie van Agricultuur) in de vakken Melkveehouderij, Handenarbeid en Motoronderhoud. Ik vond Zuivel het leukst en had een kalf grootgebracht om te showen op de jaarlijkse Fair. Margarets nicht Diane volgde ook Melkveehouderij, dus we deden veel werk samen. Alleen, haar kalveren wonnen altijd van die van mij omdat ze Heit liet helpen met het uitzoeken van de kalveren. Ik koos ze zelf, op basis van karakter in plaats van lichaamsbouw. Ik wist waar de jury naar op zoek was, maar ik had meer interesse in het hebben van een kalf dat een maatje kon zijn. Heit had het zwaar toen mijn kalveren melkkoeien werden. Ik herinner me er een die niet alleen onverschrokken was voor mensen maar ook het graan uit de voerbakken van de andere koeien opat op weg naar het melkleidingsyteem. Voor het geval als u het zich afvraagt: koeien zijn zeer routinematig en gaan zelf naar hun toegewezen boxen.

De Lowell Fair gaf me een grote kick. Ten eerste betekende de vierdaagse Fair drie heerlijke nachten zonder melken! Ik bracht alleen maar een kalf om te showen, in plaats van koeien, zodat ik daar niet hoefde te melken en meer vrije tijd had. Ik vond het leuk om naar het centrum van Lowell te lopen met mijn vrienden van de Fair. Daar kon ik echt Amerikaans eten! We namen dan eerst bosbessenpannenkoeken bij Show Boat Inn en dan een grote milkshake van 15 cent bij Christianson Drug Store. Diane wilde altijd de beste verzorging voor onze kalveren. We bleekten hun staart, vlochten ze in en kamden ze op de dag van de show uit om ze er mooi wit en zacht uit te laten zien. We lakten ook hun horens en hoeven met transparante nagellak.

Ik overnachtte op het fairterrein, ik sliep in de jongensslaapzaal. Een oudere man sliep er ook, om toezicht te houden. We vonden hem een brombeer. We sliepen op veldbedden die voor ondersteuning om de vijfentwintig centimeter veren hadden. Op een avond had ik met twee anderen de veren vervangen door koorden. We gebruikten dun, katoenen touw dat gemakkelijk kon breken. Die nacht, toen brombeer op het bed plofte, viel hij met matras en al op de grond. De timing was perfect want de lichten waren net uit, dus moest brombeer in het donker achterhalen wat er was gebeurd. Verontschuldigend deed hij uiteindelijk het licht aan, tegen de regels in. De lichten bleven aan terwijl hij alle veren vastmaakte en ondertussen aankondigde dat hij degene die verantwoordelijk was voor deze lafhartige daad zou pakken. Hij kwam er nooit achter.

In een jaar verlootte de Fair een tractor van het type Massey-Harris Pony en George W. Welsh won deze tractor. Aangezien hij het land uit was op dat moment, nam Margaret de tractor voor hem in ontvangst en vroeg of ik hem naar huis kon rijden. Heit en ik maakten de veewagen aan de Pony vast en Bill Oldenkamp en ik reden om beurten helemaal terug naar Markadia Farm. We hadden geen lichten of remmen op de veewagen, wat een beetje riskant was, zelfs in 1951. Met alle heuvels had iemand

Sy aan het rijden met Bea.

zo achterop ons kunnen botsen!

Bij Handvaardigheid 4-H waren Herb en Mary Anderson onze leiders. Hun kinderen, Gary, Karen, Mike en Denny namen allemaal deel aan de club. Herb leidde de jongens en Maria de meisjes. De meisjes leerden naaien en breien. Wij jongens maakten de voorgeschreven houtbewerkingsprojecten – een schuurblok, een vogelhuis, enzovoort – daarna mochten we onze eigen projecten ontwerpen. Als ons werk was gedaan, gingen we naar boven voor lekkernijen – meestal koekjes, melk en punch – en spelletjes. De omgang met de meisjes maakte dit echt een leuke tijd voor ons jongens. We speelden spelletjes zoals "Winkum" en onze leiders deden ook mee. Herb en Mary waren goed in het spelen van spelletjes en betrokken alle kinderen erbij.

Wij van de handvaardigheidgroep spraken vaak af om te paard naar de bijeenkomsten te gaan, wat ongeveer elf kilometer was voor sommigen. Onderweg kwamen we elkaar dan tegen dat was het leuke eraan. Erma Flanagan en ik vonden het leuk om met onze paarden op de weg te racen. Erma was een leuk, Iers-katholiek meisje (ze ging naar St. Patrick's school) en een goede ruiter. De eerste keer dat we raceten, versloeg zij mijn paard Bea en mij. Ik had al meer dan acht kilometer in galop gereden. Dus de volgende keer deed ik het een stuk rustiger aan en versloeg

Erma en haar paard. Bea en ik versloegen ze elke keer daarna. Bea had een rare karaktertrek – ze haatte het om af te remmen en ze kon het niet uitstaan dat iemand haar passeerde. Ik moest een hackamore bit bij haar gebruiken want ze had een gevoelige mond.

Op de dagen dat we niet paardreden, reed ik met de Jeep, die sneller en leuker was vanwege zijn open dak. Ik zou Erma en haar broer Floyd dan onderweg ophalen. Eerst was Erma's vader bezorgd of ik wel een rijbewijs had. Ik liet hem mijn boerderijvergunning zien, ervan uitgaande dat hij die niet echt zou lezen – de vergunning was alleen geldig van zonsopgang tot zonsondergang. Erma wist wel beter, maar ze hield haar mond, zodat ze mee kon rijden in de Jeep. Het bluffen werkte. Ik reed heel voorzichtig want ik was bang om over de kop te gaan met de Jeep.

Een van de houtbewerkingsprojecten, die ik zelf had ontworpen, was een boekenkast. Ik had een grote radio gedemonteerd en deze in het midden van de boekenkast gebouwd. Ik won er lokaal de eerste prijs mee, waardoor ik door kon gaan naar de Staatstentoonstelling in het Civic Auditorium in Grand Rapids. De dag voordat de tentoonstelling open zou gaan voor het publiek, sleepten we de boekenkast naar de zaal. Toen we de volgende dag terugkwamen, konden we mijn boekenkast niet vinden. We keken tussen de houtbewerking en handvaardigheid. Uiteindelijk stuurde iemand ons naar de afdeling elektrisch. En ja hoor, tussen de elektrische motoren, verlichting en goederen stond mijn boekenkast met een groot, paars lint voor de eerste prijs eromheen – houden wonderen nooit op?

Alvin Potter leidde Motoronderhoud 4-H. Ik heb veel van hem geleerd. Wat ik nog steeds doe, is de smeerpunten afvegen, zodat het vuil niet in de lagers wordt gepompt. Onze groep ging naar workshops die werden gegeven door de dealerbedrijven, waarbij monteurs van de dealer instructies gaven over motoronderhoud en wij leerlingen mochten daarna oefenen op voertuigen in de winkel. De workshop was 's avonds en duurde twee uur, met drankjes daarna inbegrepen.

Eén incident dat Alvin grijze haren gaf, gebeurde bij International Harvester's dealer (fabrikant van Farmall-H tractors) Wittenbach Grand in Lowell. Het onderwerp van deze workshop was klepverstelling. Voor vermaak had ik mijn bokshandschoenen meegenomen. Ik vocht toendertijd bij Boksvereniging Golden Gloves, die werd gesponsord door de Disabled American Veterans (Invalide Amerikaanse Veteranen). Bill Oldenkamp en ik begonnen te sparren; we speelden wat om indruk te maken. De meeste kinderen vonden dat ik een vrij goede bokser was, zelfs als ik dat niet was. Bill en ik deden wat aan stoten en terugslaan zonder elkaar echt te raken. Larry Wittenbach (ja, de zoon van de dealer zat in onze groep) keek een tijdje toe en dacht dat hij me gemakkelijk zou kunnen verslaan. Hij zei dat hij me wel eens wat zou laten zien. Bill had mijn lichte bokshandschoenen (6 Oz - 170 gram) aan tijdens het sparren. Larry deed ze snel aan. Ik antwoordde dat ik niet wilde vechten, maar Larry stormde recht op me af. Als iemand op je afstormt, zijn ze het meest kwetsbaar en dus kan je stoot zeer effectief zijn. Ik gaf hem een linkse hoek – veruit mijn beste stoot ooit! Ik schrok me wild toen ik hem achterover zag vallen richting het cementen voetpad. Gelukkig miste hij de stoep op een haar na, maar moest toch naar de eerste hulp. Hij kreeg meer dan veertig hechtingen in zijn mond en een aantal van zijn tanden hadden een beugel nodig. Ik herinner me dat ik erover inzat of mensen me de schuld zouden geven. Onze bokstrainer Wes Ramey (een vooraanstaand lichtgewicht - hij had de wereldkampioen lichtgewicht Ton Cansonary in een niet-titelgevecht verslagen, maar kon nooit revanche nemen) had ons altijd geadviseerd om nergens anders te vechten dan in de ring. Ik wist toen zeker dat hij gelijk had! Ik heb nooit meer mijn handschoenen ergens naartoe genomen.

Aangezien ik niet naar de middelbare school was geweest of daar een diploma van had, voelde ik me als jongvolwassene vaak alsof mij een opleiding ontnomen was, alsof ik een handicap had. Als ik me uitgedaagd voelde door een onderwerp, ging ik er alles over lezen, dat hielp. Later, tijdens militaire dienst, voelde

Alvin Potter en Sy bouwen een metalen graanvoederbak, circa 1951.

ik me in eerste instantie minder ten opzichte van de jongens die wel naar de middelbare school waren geweest. Maar ik ontdekte al snel dat ik beter kon lezen, begrijpen en schrijven dan de meesten van hen. Ik besloot dat als ik ooit kinderen zou krijgen, ik hen zou aanmoedigen om zoveel onderwijs te krijgen als ze bereid waren om voor te werken. Zo zouden ze over de middelen beschikken om zichzelf te verbeteren en te doen wat ze wilden doen. In het Medical-Training-Center in Fort Sam Houston maakten we elke vrijdagmiddag een schriftelijke toets. Ik heb nooit een onvoldoende gehaald, vele anderen wel. Degenen die een onvoldoende hadden, moesten op zaterdag en zondag de hele dag naar Marble Head College, terwijl degenen die geslaagd waren het weekend vrij kregen. Dat was wel een goede motivatie om de toets te halen. Ik las en bestudeerde ons medisch handboek, zodat ik alle benodigde informatie kon onthouden. Niemand anders studeerde zoals hard als ik, dat ik weet. Ik besefte dat ik niet per se slimmer was dan de anderen, maar ik legde me er gewoon op toe. Ik ben dankbaar dat het leger mij zelfvertrouwen heeft gegeven. Dat maakte een groot verschil in mijn leven. Daardoor kreeg ik bijvoorbeeld het vertrouwen om de stap te nemen om een vaste overheidsbaan op te geven om hoofd tuinman te worden bij de heer en mevrouw Edgar F. Kaiser en later mijn eigen zaak te beginnen.

Ik ben ook dankbaar voor het voorbeeld dat Heit en Mem me gaven in het volgen van God. Hun geloof overtuigde me van de werkelijkheid van God. Steeds weer was onze familie getuige van Zijn trouwe zorg over ons en de wereld. Zoals Mem me vertelde toen ik drie was, tijdens die Duitse inval op 10 mei 1940, Jezus staat naast ons, gedurende ons leven.

Sy Byle bij zijn gerestaureerde Ford Sunliner "Bumble bee" uit 1955 en "People's Choice"-trofee. Colleville autoshow, 2009. Foto door Ingrid Byle.
"Ik houd nog steeds van auto's!" - Sy

Bijlagen

Bijlage A: Margaret de Groot en George W. Welsh

--geschreven door Catherine Byle

Margaret De Groot

Niet veel mensen kunnen aan het eind van hun leven zeggen dat ze hun dromen hebben waargemaakt. Maar de vrouw die in 1948 mijn familie sponsorde van Nederland naar haar boerderij in de Verenigde Staten heeft dat wel gedaan. Ik herinner me Margaret De Groot als een gelukkige, vriendelijke, vrijgevige, intelligente, en vastbesloten vrouw.

Toen ze als jong meisje opgroeide in Grand Rapids, Michigan, droomde Margaret ervan om ooit een zakenvrouw te zijn. Ze is geboren op 1 april 1894, haar ouders waren Bert en Ida De Groot. Margarets familie verhuisde verschillende keren tijdens haar kinderjaren. Haar vader bouwde huizen waarin de familie zou wonen totdat het huis verkocht werd. Margaret had twee jongere zussen, Clare en Ann. Clare zou moeder worden van Margarets nicht, Diane De Nio, met wie ik speelde tijdens haar bezoeken aan Margarets boerderij.

Toen ze zestien was, ging Margaret van school en ging ze naar McLaughlin Business College. Ze leende geld van haar oom om voor school te betalen omdat haar vader haar beslissing niet steunde. Dat betekende dat ze meteen een baan moest krijgen om het geld terug te betalen. Ze solliciteerde bij de president van het college, die voor haar een baan bij George W. Welsh vond. Margarets eerste indruk van de lange, dunne roodharige paste niet bij haar verwachting van een succesvol zakenman (kort, gedrongen en een grijs pak dragend). Toch werden ze succesvolle zakenpartners en goede vrienden.

Welsh had een drukkerij en uitgeverij van periodieke bladen. De Groot begon in boekhouden en stenografie. Ze wilde de zaken leren kennen en toen Welsh de politiek in ging, kreeg ze geleidelijk meer leidinggevende taken. In 1929 bood Welsh Margaret het partnerschap aan. Ze zorgde ervoor dat het bedrijf solide en groeiende bleef. Consequent oprecht in haar zakelijke activiteiten, speelde ze geen stiekeme spelletjes. Als ze iets verdacht vond liet ze dat aan George weten.

De Groot begon haar zinnen te zetten op het hebben van een "oud huis aan een meer". In 1934 vond een collega voor haar een 102 jaar oud huis aan het McCarthy Lake. Margarets vader inspecteerde het huis en vond het in zeer goede staat, alsof het pas gebouwd was. Margaret kocht de Hannah McCarthy Farm, inclusief huis, het meer en 120 hectare landbouwgrond, voor $1480. Ze genoot van het wonen op het platteland. Ze stond 's ochtends vroeg op om haar melkkoeien te controleren voordat ze om zeven uur naar kantoor reed in de stad.

Welsh en De Groot verkochten het bedrijf halverwege de jaren 1960. Margaret trok zich na haar pensioen terug in Florida om Welsh' onophoudelijke zakelijke intriges te ontvluchten maar elk voorjaar kwam ze terug naar de boerderij. Toen Margaret zich bij haar zuster Clare De Nio voegde in de Heather Hills pensioneringsgemeenschap in Grand Rapids, trok haar nicht Diane met haar man Reg Cridler en haar gezin in Margarets huis aan het meer.

Margaret De Groot overleed op 1 juni 1995 op de leeftijd van 101 jaar. Dit kleine gedenkstukje is het minste wat ik kan doen om haar te bedanken voor wie ze was en wat ze voor mijn familie deed.

George W. Welsh

Toen mijn familie George W. Welsh in 1948 voor het eerst ontmoette in ons huis in Nederland, was hij de burgemeester van Grand Rapids, Michigan. Hij was al sinds 1938 burgemeester en bleef dat tot 1949. Tegen die tijd was zijn bedrijf in de gedrukte media uitgegroeid van een kleine uitgeverij van The Fruit Belt, een vakblad voor fruittelers, naar een uitgeverij van diverse kranten, zoals United Weeklies, de Grand Rapids Chronicle, en de Shopping News.

Als politicus verdedigde George Welsh de behoeften van de armen en achtergestelden. Hij was zelf een wees. Hij was in 1883 geboren in Glasgow, Schotland. Zijn ouders stierven toen George acht was, kort nadat de familie van Schotland naar de Verenigde Staten was geëmigreerd. Hij ging naar The Evening Press Newsboys' School, waar hij begon als loopjongen en zich omhoog werkte tot advertentieverkoper. Hij ging naar de openbare middelbare school tot de vierde klas en vulde zijn opleiding aan door te lezen, vooral de werken van George Handy, een journalist die jongensboeken schreef. Hij trouwde Shirlie Smith in 1905 en begon snel daarna zijn eigen uitgeverij. Toen Margaret de Groot, een student bedrijfskunde, een bekwame bedrijfsleidster bleek te zijn – ze was als boekhouder begonnen bij The Fruit Belt – bood hij haar al gauw het partnerschap aan, ook al was ze een vrouw. Dat was in de drukkerijwereld van die tijd niet heel gewoon.

Zijn politieke carrière begon in 1912 toen hij werd verkozen tot wethouder van Grand Rapids, waarbij hij het district vertegenwoordigde waarin de school van zijn kinderen stond, het 11e stadsdeel. Het was zijn missie om de oude, bouwvallige basisschool van zijn dochter te herbouwen. Dat project, evenals de bouw van een nieuwe middelbare school, werd tijdens zijn termijn afgerond.

Vanaf die plaats ging hij dienen als een vertegenwoordiger in het Huis van Afgevaardigden van de staat, luitenant-gouverneur, stadsmanager van Grand Rapids en burgemeester van Grand Rapids. Volgens Margaret de Groot "liet hij nooit meer los zodra hij een idee kreeg dat iets goed was voor de stad of de staat Michigan." (Geciteerd uit ""Margaret De Groot: Pathfinder in the Business World", door Cathie Bloom, Grand Rapids Press, 5 februari 1986, blz. A13.) Tijdens zijn politieke carrière initieerde en ondersteunde hij vele projecten en hervormingen, zoals werkboerderijen voor gevangenen, elektriciteitsvoorziening op het platteland en de aanleg van de pijpleiding naar Lake Michigan. Als stadsmanager bouwde hij het Civic Auditorium, die nu Welsh Auditorium heet, in het centrum van Grand

Rapids. Als burgemeester organiseerde hij de Conferentie van Burgemeesters van de Verenigde Staten, die hij van 1947 tot 1949 vertegenwoordigde als voorzitter. Er werden bezoeken afgelegd aan het door oorlog getroffen Europa, Azië en Afrika.

Welsh wordt herinnerd als een eerlijke politicus die geweldig was in het organiseren. Hij stond voor waar hij in geloofde in aanwezigheid van de trouwe oppositie. Hij leerde het advies van zijn mentor, Gouverneur Alex J. Grosbeck, op te volgen: "liever op de ratten jagen dan de muizen te achtervolgen." Innemend en extravert als hij was, had hij zeker zijn vijanden. Hij sprak openlijk de politici tegen die "vonden dat publiek geld gemakkelijk te besteden is en gemakkelijk te krijgen."

George Welsh is in 1974 overleden op de leeftijd van 91 jaar. Zijn vrouw Shirlie ging hem in 1970 voor. We zullen hem herinneren als de rijke, invloedrijke Amerikaanse burgemeester die van mijn vaders droom om te verhuizen naar een boerderij in de VS werkelijkheid maakte. Hij diende zijn gemeenschap, zijn land en zijn wereld door het creëren van mechanismen die succes brachten.

Bronnen

"George Welsh, Longtime Political Figure, Dies at 91," Grand Rapids Press. 30 juni 1974.

"George W. Welsh: The stag at evening," Grand Rapids Press. 22 februari 1970.

"Margaret De Groot: Pathfinder in the business world," door Cathie Bloom, Grand Rapids Press.5 februari 1986.

Bijlage B: Citaat uit Jill's Bestand over Byle, geschreven door Jill Haagsma, © 2002.
(Met toestemming gebruikt.)

De heer Welsh had een opdracht en hij was vastbesloten dat iemand binnenkort op de Markadia Farm zou zijn. (Ik weet zeker dat dit Margarets opdracht of verzoek was.) Dus hij zei:

"Hoe zit het met Pieter en Gelland, zouden zij gelijk kunnen gaan?" Waarop vader antwoordde: "Ja, ze kunnen elk moment vertrekken, als al het papierwerk klaar is." De heer Welsh zorgde voor alles – visa, vliegtickets – en Pieter en Gelland konden binnen een week op weg gaan naar hun nieuwe thuisland. Ze stapten op de trein naar Friesland en namen "vol tranen" afscheid van de Beppes, tantes, ooms, neven en nichten. In Gelderland namen we afscheid van vrienden en buren!

Op 17 september 1948 gingen we met de auto naar Schiphol, de luchthaven in Amsterdam. Toen we bij de balie kwamen met onze tickets en paspoorten, werd er een foto van ons genomen. We waren even beroemdheden. Twee tieners verhuisden naar de Verenigde Staten om een melkveebedrijf te leiden. De foto kwam in het "Vrije Volk", een krant die in alle provincies werd gelezen. (Ik weet zeker dat de heer Welsh hier iets mee te maken had. Hij en Margaret zaten in de krantenwereld.) We gingen aan boord van de AA naar New York. De vlucht duurde 12 uur. In New York stond een echtpaar op ons te wachten en bracht ons met de auto naar een andere luchthaven. Daar werden we in de wachtruimte op een bankje gezet en werd ons verteld dat we moesten "blijven". Ik weet niet meer hoeveel uur we hebben gewacht. We hadden allebei onze maximale toelage van 25 dollar dat was alles wat we mee konden nemen naar de VS. Er was een ijskraam de luchthaven. Een van ons ging 2 ijshoorntjes halen – hmmm lekker!

We moesten onze bagage inchecken voordat we aan boord gingen van ons volgende vliegtuig. We hadden 2 koffers. Toen het onze beurt was om gecontroleerd te worden, zei de inspecteur: "Bent u Dutch?" Waarop Pieter antwoordde: "Nee, wij zijn niet Duits, Hitler in de grond" en hij stampte met zijn voet op de grond. "Wij zijn Hollanders." "Dutch" klonk voor ons hetzelfde als "Duits". We wisten niet dat "Dutch" Nederlander betekende. We hadden het niet op de Duitsers en Pieter was hier erg uitgesproken over. Hij werd niet berispt voor het stampen met zijn voet, ze lieten ons gaan.

Een ander echtpaar kwam en zette ons op het volgende

vliegtuig. Voordat we in het vliegtuig stapten, werd nog een foto genomen. Deze verscheen ook in een krant – er werden exemplaren naar ons gestuurd. Ik denk dat dit nog iets was waar George Welsh verantwoordelijk voor was. We vlogen naar Grand Rapids – onze "eindbestemming". Op 18 september 1948 kwamen we veilig aan; Margaret de Groot verwelkomde ons en bracht ons in een mooie auto naar de Markadia Farm. Daar werden we begroet door mevrouw de Groot, Margarets moeder, een weduwe. Beide dames spraken goed Fries. We waren eindelijk "thuis". We hadden foto's van de boerderij gezien, maar nu konden we het in het echt zien. Als ik eraan terugdenk, verliep de reis soepel! We hadden geen reiservaring en we spraken geen Engels. We zullen George Welsh voor altijd dankbaar blijven, omdat hij alles zo perfect had geregeld! Van Amsterdam naar Grand Rapids lagen onze levens in de handen van vreemden. Ik denk niet dat ik vandaag de dag zo vol vertrouwen zou zijn!

Onze eerste paar weken werden doorgebracht bij Margaret en haar moeder, aangezien het boerderijhuis leeg en vies was. Margaret had een mooi, groot "landhuis", althans in onze ogen. Pieter was de volgende ochtend vroeg op en verkende de boerderij, etcetera. Maar voordat hij het huis verliet, maakte mevrouw de Groot een ontbijt voor hem zoals hij nog nooit had gezien – spek, eieren, toast, gebakken aardappelen en jus d'orange. Ons ontbijt in Nederland bestond uit twee sneetjes volkorenbrood, margarine, suiker en een kopje thee. De knecht kwam en liet Pieter zien wat de routine van de boerderij was. Hij bleef een paar dagen, daarna was Pieter op zichzelf aangewezen. Margaret en haar moeder bleven op de boerderij totdat de sneeuw kwam, dan verhuisden ze naar hun huis in Grand Rapids. Margaret was zelf een echte boerin, ze was dagelijks in de schuur om te helpen. Ze ging 5 dagen per week naar haar kantoor. Gelland maakte het boerderijhuis van boven naar beneden schoon (hiervan stond een foto en een verhaal in de Grand Rapids Press). Margarets zus Ann en haar man hadden een meubelzaak en zij richtten ons huis volledig in. Margarets vader was pas overleden en we mochten zijn auto hebben, een groene Plymouth uit 1942. In oktober 1948 staken vader, moeder, Auké, Geertje en Gerrit de oceaan over met de Nieuw Amsterdam. De reis duurde zeven dagen.